# Kleine Mannheimer Stadtgeschichte

Hansjörg Probst

# Kleine Mannheimer Stadtgeschichte

Verlag Friedrich Pustet
Regensburg

Umschlagmotiv:
Der Marktplatz in Mannheim, 1782,
Kol. Stich der Brüder Klauber
(Reiss-Engelhorn-Museen, Mannheim;
Foto: Jean Christen)

**Bibliografische Information der Deutschen Bibliothek**
Die Deutsche Bibliothek verzeichnet diese Publikation
in der Deutschen Nationalbibliografie; detaillierte bibliografische
Angaben sind im Internet über http://dnb.ddb.de abrufbar.


ISBN 3-7917-1972-6
© 2005 by Verlag Friedrich Pustet, Regensburg
Umschlaggestaltung: Kulturdesign Anna Braungart, Tübingen
Gesamtherstellung: Friedrich Pustet, Regensburg
Printed in Germany 2005

# Inhalt

# Vorwort

Mannheims städtische Geschichte umfasst im Jubiläumsjahr 2007 nur vierhundert Jahre, obwohl das Dorf Mannheim bereits 766 zum ersten Mal urkundlich erwähnt worden ist. Mannheim ist somit eine junge Stadt. Vor hundert Jahren, 1907, im Jahr des dreihundertsten Stadtjubiläums, schrieb der damalige Oberbürgermeister Otto Beck im Geleitwort zur großen Stadtgeschichte des Stadthistorikers Friedrich Walter: Mannheims „Geschichte darf auch außerhalb ihres Weichbildes … Interesse beanspruchen, weil sie in mannigfacher Weise mit großen Ereignissen, mit bedeutenden Männern, mit weltbewegenden Fragen verknüpft ist." Kein Geringerer als der bekannte deutsche Historiker Lothar Gall bestätigt das, wenn er seinem grundlegenden Werk über das Bürgertum in Deutschland aus dem Jahr 1989 die Geschichte der Mannheimer Familie Bassermann idealtypisch zugrunde legt. Übrigens widmete er dieses Werk seinem Münchener Lehrer, dem großen Historiker Franz Schnabel (1887–1966). Franz Schnabel ist in Mannheim geboren und aufgewachsen und blieb zeit seines Lebens seiner Vaterstadt eng verbunden. 1954 wurde er Mannheimer Ehrenbürger. Gall schreibt einleitend über seine Konzeption und die Wahl der für das deutsche Bürgertum exemplarischen Mannheimer Familie Bassermann: „Das verweist bereits auf den prägenden Charakter des historischen Raumes, der spezifischen geschichtlichen Bedingungen (nämlich der Stadt Mannheim), unter denen sich der Aufstieg und auch die weitere Entwicklung der Familie Bassermann vollzogen … Von diesem Raum und von diesen Bedingungen wird noch eingehend die Rede sein."
Gerade eine kleine Stadtgeschichte lässt wie unter einem Vergrößerungsglas diesen exemplarischen Charakter Mannheims in der neueren deutschen Geschichte sehr deutlich hervortreten. Diese Stadt hat wie kaum eine andere eine auffällige

Jesuitenkirche (1737–1760)

Vorreiterrolle in Politik, Wirtschaft und Kultur des deutschen Bürgertums gespielt. So ist zu hoffen, dass die „Kleine Mannheimer Stadtgeschichte" nicht nur das Interesse der geschichtsbegeisterten Mannheimer und Kurpfälzer, sondern auch vieler anderer Leser wecken wird.

Mannheim,                                    Hansjörg Probst
im Frühjahr 2005

9

# Die Gründung von Festung und Stadt (1606/07)

Mannheim gilt als junge Stadt. Die Gründung der Festung Friedrichsburg am 27. März 1606 und die Verleihung der Stadtrechte an Mannheim am 24. Januar 1607 liegen im hellen Licht der Geschichte. Der zweifachen Gründung entspricht der charakteristische Doppelstern von Festung und Stadt. Die Grundsteinlegung war spektakulär und Glied einer offensiven Politik der evangelischen Union am Vorabend des Dreißigjährigen Krieges.

> Die FRIEDRICHSBURG erhielt ihren Namen von ihrem Gründer, dem Kurfürsten Friedrich IV. von der Pfalz (1574/1592–1610) aus der wittelsbachischen Linie Pfalz-Simmern, und sollte als Bundesfestung der Sicherung des Protestantismus gegen die vordringende Gegenreformation dienen; denn der pfälzische Kurfürst war, obwohl Kalvinist, seit 1608 das Haupt der Protestantischen Union. Wie das ganze Haus Pfalz-Simmern war auch Friedrich IV. eng mit dem Kampf der kalvinistischen Reformierten in Frankreich und den Niederlanden verbunden; seine Frau war Louise Juliane von Oranien, die Tochter Wilhelms des Schweigers, des Generalstatthalters der Niederlande.

So erfolgte auch die Gründung der Festung im schwer zugänglichen, von Wasserarmen durchzogenen Mündungsbereich des Neckars in den Rhein durch niederländische Wasser- und Festungsbaumeister. Die neue Festung sollte nicht zuletzt die Verbindung der Spanier und Habsburger von Oberitalien, der Freigrafschaft Burgund und dem Elsass den Rhein abwärts in die Niederlande kontrollieren beziehungsweise unterbrechen.

Augenzeuge und Chronist der spektakulären Grundsteinlegung dieser Festung europäischen Anspruchs war der pfälzische Historiograph Marquard Freher. An einem unfreundlichen Spätwintertag, am 26. März 1606, hatte sich der kurfürstliche Hof mit großem Gefolge von Heidelberg in die pfälzische Zollburg Eichelsheim begeben, die in engster Nachbarschaft zum Dorf Mannheim am Rhein lag. Das Kurfürstenpaar wurde vom neunjährigen Kurprinzen Friedrich V., dem späteren Winterkönig, begleitet, für den eine große Rolle im Festakt vorgesehen war. Frühmorgens, am 27. März 1606, ging der Staatsakt der Grundsteinlegung in Anwesenheit des Hofes und vieler Schaulustiger aus den Nachbardörfern vor sich. Wolkenbruchartige Regenfälle stürzten vom Himmel, orkanartige Böen fegten über die Festgesellschaft, so dass das kurfürstliche Festzelt zusammenzubrechen drohte. Ein Gottesdienst mit Predigt eröffnete die Feierlichkeiten. Danach ergriff der Kurfürst den Spaten, stach ein Stück Rasen und eine viereckige Grube aus; in diese wurde ein ausgehöhlter Quaderstein gelegt. Nun trat der Kurprinz vor und legte in den hohlen Stein eine in Gold getriebene Inschriftentafel mit dem Bild seines Vaters, des Stadtgründers. Ein Maurer schloss den Grundstein mit einer Steinplatte, alle Teilnehmer am Festakt traten mit Schaufeln und Schubkarren hinzu und schütteten einen kleinen Hügel auf.

Auf Marquard Freher geht auch der Wortlaut der Gründungsurkunde zurück, die im Original verschollen ist. Die lateinische Inschrift lautet in deutscher Übersetzung:

Zum Glück und Segen!

Friedrich IV., Pfalzgraf bei Rhein, des heiligen Römischen Reiches Erztruchsess und Kurfürst, Herzog in Bayern etc.
Auf diesem wohlbekannten Boden des kampflustigen, alten fränkisch-schwäbischen Landes, am Zusammenfluss von Rhein und Neckar, hat einst Kaiser Valentinian, um die Germanen zu bedrängen, ein festes und sicheres Bollwerk von Grund auf neu erbaut. Dieses blieb jedoch nicht lange in römischer Gewalt, sondern fiel bald den gerechteren Waffen der Franken anheim. Dann wurde es unter dem Namen Manninheim sehr bekannt und geriet schließlich unter pfälzische Botmäßigkeit.
Genau hier errichtete er (Kf. Friedrich IV.) unter weit günstigeren Vorzeichen zu seinem und seines Volkes und Landes Schutz

erneut eine starke Festung mit Bollwerken und einer Stadt und fügte dem Fundament mit eigener Hand diese Tafel zugleich mit einem ersten (Grund)stein und Rasenaushub ein.
Am 17. März 1606.

Der Stadtgründer Kurfürst Friedrich IV. (1574/92–1610) als Reiterbildnis, die vornehmste Herrscherdarstellung, Kupferstich von Jacques Granthomme um 1608

Dieser pompösen Gründungszene von Festung und Stadt Mannheim war im Entscheidungskampf zwischen der kalvinistischen Reformation und der katholischen Gegenreformation in West- und Mitteleuropa eine bedeutende Rolle zugedacht. Ihr folgten 1608 die Gründung der Protestantischen Union unter der Führung des Pfälzer Kurfürsten Friedrich IV. und 1613 die Heirat Friedrichs V. (1597/1610–1632) mit Elisabeth Stuart (1596–1662), der einzigen Tochter König Jakobs I./VI. von England und Schottland. Der pfälzische Ehrgeiz gipfelte 1619 in der Annahme der böhmischen Königskrone durch das junge Fürstenpaar. Dass die katholische Liga, das 1609 geschlossene Bündnis der Altgläubigen im Deutschen Reich, diese Herausforderung annahm, zeigt im Gegenzug die Gründung der Festung Philippsburg im Hochstift Speyer 1615. Damit waren die Parteien für einen großen Krieg aufgestellt. An der Spitze beider Religionsparteien standen die konfessionell tief zerstrittenen Linien des Hauses Wittelsbach, die ältere pfälzische oder rudolfinische unter Friedrich IV. und Friedrich V. und die jüngere bayerische oder wilhelminische unter Herzog Maximilian (1573/1597–1651).

MARQUARD FREHER, als Lutheraner 1565 in Augsburg geboren und 1614 als Kalvinist in Heidelberg gestorben, war seit 1586 Jurist und Historiker in kurpfälzischem Dienst. Er war Diplomat und zeitweise Professor an der Universität Heidelberg. Sein Hauptwerk sind die *Origines Palatinae* (Anfänge der Kurpfalz) von 1599 bzw. 1612/13. Freher gilt als einer der bedeutendsten Historiker der frühen Neuzeit, weil er seine Forschungen auf systematische Quellenkritik gründete. So hat er als Erster für die Vorgeschichte des pfälzischen Kernlandes an der Neckarmündung um Heidelberg das Geschichtswerk des spätantiken Autors Ammianus Marcellinus (330–400), die *Mosella* (= Beschreibung einer Moselfahrt) des Dichters Ausonius (309–393) und den *Lorscher Codex,* die ihm in der berühmten *Bibliotheca Palatina* zur Verfügung standen, ausgewertet. Davon zeugt auch die oben genannte Gründungsurkunde.

Porträt des Marquard Freher, gestochen von Johann Jakob Haid, um 1740

In der Urkunde nennt Freher unter Anführung von Original-zitaten drei historische Tatsachen, die er für die neue Festung und Stadt in Anspruch nimmt:

1. die Errichtung eines *munimentum tutum et celsum* (Ammianus Marcellinus) = einer hochragenden und sicheren Festung an der Neckarmündung durch Kaiser Valentinian I. (369 n. Chr.);

2. die Gründung von *Manninheim* (Lorscher Codex) durch die Franken und

3. den Übergang dieses wichtigen Punktes an die *Pfalz-grafschaft.*

# Aus der Mannheimer Vorgeschichte

## *Munimentum tutum et celsum*

Als die Römer unter Caesar zwischen 58 und 52 v. Chr. ganz
Gallien bis zum Rhein unterworfen hatten, wurden auf dem
linken Rheinufer Castelle und Garnisonen errichtet, von
denen in unserer Gegend *Borbetomagus* = Worms und *Novio-
magus* = Speyer die bedeutendsten waren. Beide Römerstädte
liegen an Stellen, wo das hochwassersichere linksrheinische
Hochufer direkt an den Stromverlauf herantritt, so dass an
beiden Plätzen der mächtige Strom sowohl überschritten als
auch beherrscht werden konnte. So entwickelte sich eine
Reihe von Römerstädten von Basel bis Xanten am linken
Rheinufer, die mit einer Straße verbunden wurden, deren Ver-
lauf ungefähr die heutige „B 9" folgt. Zwischen Speyer und
Worms gab es nur eine einzige Stelle, wo der Rhein ähnlich
leicht zu überqueren war, nämlich der Neckarauer Rheinbogen auf heutiger Mannheimer Gemarkung.

So ist es nicht verwunderlich, dass bereits im 1. Jahrhundert n. Chr. eine Stichstraße von der „B 9" an diese Furt über
den Rhein vorgetrieben wurde. Diese Furt sicherte man durch
ein Lager, das in den 1920er-Jahren an der Straße Rheingön-
heim-Altrip ausgegraben worden ist. Dieses Lager mitsamt
dem Rheinübergang bildete einen der Ausgangspunkte für die
Eroberung des rechtsrheinischen Dekumatenlandes, die um
70 n. Chr. begann und 98–110 n. Chr. die Gründung des römischen Ladenburgs = *civitas Ulpia Sueborum Nicrensium* =
*Lopodunum* zur Folge hatte. Damit erhielt das Neckarmün-
dungsgebiet seine erste Hauptstadt. Die Verbindung Rhein-
gönheim-Ladenburg erfolgte rechtsrheinisch nicht nur über
den schiffbaren Neckar, sondern auch über eine römische
Straße: Über das Neckarauer Niederfeld, den so genannten
*Steinsweg* und die heutige Rheingoldstraße, lange nur *strata*

16

(= Straße) genannt, fand diese Römerstraße nordöstlich ihre Fortsetzung im so genannten *Hohen Weg* im Kloppenheimer-Hermsheimer Feld. Römische Funde aus dem Neckarauer Ortszentrum zeigen, dass in der Nähe dieser Römerstraße das eine oder andere römische Gehöft gelegen haben muss. Wie die mittelalterlichen Flurnamen Steinsweg, Straße und Hoher Weg ebenfalls verraten, war diese Straße in der üblichen römischen Steinbauweise durch Kofferung des Straßenkörpers angelegt, also keineswegs unbedeutend.

Eine zweite römische Wurzel Mannheim-Neckaraus ist noch bedeutender. In der zweiten Hälfte des 4. nachchristlichen Jahrhunderts war die römische Herrschaft rechts des Rheins längst unter dem Ansturm der Alamannen aufs Äußerste gefährdet beziehungsweise immer wieder zusammengebrochen. Wieder lag die Grenze des Imperiums am Rhein, und die römischen Kaiser, die damals in Trier residierten, sahen sich gezwungen, die Reichsgrenze gegen die anbrandenden Germanen durch gewaltige Festungsbauten zu sichern. Besonders Kaiser Valentinian I. ließ sich diesen „nassen Limes" angelegen sein. Allein zwischen Bingen und Speyer sind inzwischen 18 römische Befestigungsanlagen archäologisch nachgewiesen. Darunter auch die oben genannte Dreifachfestung an der Neckarmündung, deren Name *Alta ripa* = Hohes Ufer schon in den antiken Quellen auf die Besonderheit ihrer Lage hinweist. Von den antiken Schriftstellern Ammianus Marcellinus und Symmachus wird uns der Bau des rechtsrheinischen Brückenkopfes und nicht der der linksrheinischen Hauptfestung beschrieben; denn die Beherrschung der Neckarmündung – Ammianus Marcellinus rühmt sich, der Erste zu sein, der diesen rechten Rheinzufluss überhaupt erwähnt und mit seinem Namen *Nicer* = Neckar nennt – und die Verbindung nach Ladenburg, wo Valentinian ebenfalls einen Burgus errichtete, war spektakulär; denn das war das Zeichen für den andauernden römischen Anspruch und die geplante Wiedereroberung des Barbarenlandes auf dem rechten Rheinufer.

Bis in die 30er-Jahre des 20. Jahrhunderts konnte man mit diesen beiden Quellenstellen, die schon die Humanisten des

16. Jahrhunderts kannten, nicht viel anfangen. Lange diskutierte man in der Wissenschaft, wo denn diese Festung zu suchen sei, obwohl die Neckarauer Flurbezeichnung *Casterfeld* den Hinweis auf ein Kastell in sich trägt. Erst der Archäologe Hermann Gropengießer, der 1936/37 bei der Altriper Fähre an der Rhenaniastraße zu graben begann, entdeckte die lange gesuchten gewaltigen Fundamentgräben des spätrömischen Kastells. Neckarkies bewies dort auch die Lage der antiken Neckarmündung. Dabei fand Gropengießer in den 3 m breiten Fundamentgräben, die er wegen der beiden ins Wasser reichenden Flankenmauern als *Ländeburgus* = befestigte Schiffslände definierte, nicht mehr die unversehrten Fundamente, sondern nur noch römischen Mörtelschutt, zerbrochene Sandsteinquader und Zinnensteine. Dieser Typ eines Ländeburgus wurde durch Parallelfunde anderswo an Rhein und Donau ergänzt. Aus den abgeräumten Quadern schloss Gropengießer, dass der Burgus in viel späterer Zeit abgebrochen wurde. Karolingische Scherben, die sich zwischen dem römischen Mörtel fanden, erlaubten die Datierung dieses Vorgangs in das späte 9. Jahrhundert. Bis dahin hatte der Ländeburgus den endgültigen Untergang des Römischen Reiches, die Völkerwanderung und die Eroberung des Oberrheinlandes durch die Franken überdauert.

Freher seinerseits hatte zwar die antike Nachricht vom Bau einer Festung an der Neckarmündung richtig gedeutet, nur konnte er nicht wissen, dass Letztere damals einige Kilometer rheinaufwärts lag. Das brachte, wie gesagt, erst die archäologische Forschung des 19. und 20. Jahrhunderts ans Licht. In der neuen Friedrichsburg von 1606 konnten also keine antiken Überreste gefunden werden.

## Manni/enheim

Im *Lorscher Codex* (CL) kommt Mannheim allein und mit anderen Nachbarorten in 49 Urkunden vor, und zwar von 766 bis 899. Mannheim gehört damit zu den Ortsgründungen der ersten fränkischen Besiedlungswelle aus dem 6./7. Jahrhun-

dert, was auch die Bildung des Ortsnamens *Mannin-heim* =
Wohnplatz des Manno – die vorherrschende Ortsnamenbil-
dung der fränkischen Landnahme: Personennamen + -heim –
anzeigt. Die ursprüngliche Form *Manninheim* ist im CL fest-
gehalten. Auch hier war Freher der erste, der die Urkunden
des Lorscher Codex auswertete und damit alle damals gän-
gigen Fabeleien über den Ursprung Mannheims beiseite tat.
Die zahlreichen Schenkungen in Mannheim zeigen auch, dass
dieses Dorf zu den größeren fränkischen Siedlungen gehörte.
Stifter und Zeugen werden namentlich genannt.

Das *Dorf Mannheim* lag auf einer relativ hochwasser-
sicheren Sanddüne an der Stelle des heutigen Schlosses. Der
Anstieg des Geländes auf das Schloss hin ist in der Innenstadt
auch heute noch bemerkbar. Mannheim lag damals rechts des
Neckars. Dieser mündete nämlich bei Neckarau (Ortsname) in
den Rhein und ist nach einer langsamen Nordwanderung in
mehreren Armen mit seinem Hauptarm erst im 13. Jahrhundert nördlich von Mannheim durchgebrochen. Seitdem befindet sich Mannheim links des Neckars. Bei der Gründung der
Festung Friedrichsburg musste das Dorf Mannheim weichen.
Die Mannheimer allerdings wurden für ihre verlorenen Län-
dereien entschädigt. Einige siedelten sich in Neckarau an, das
Gros zog in den *Jungbusch* = Junger Wald und bildete so den
neuen, unteren Teil der Stadt, an dem auch der Name Mannheim haften blieb. Diesem Teil wurden 1607 die Stadtrechte
verliehen.

Die Abtei Lorsch, rechtsrheinisch gegenüber Worms an
der Weschnitz, war 764 gegründet worden. Bereits 772 wurde
sie durch Karl den Großen der Herrschaft des Gaugrafen und
des zuständigen Mainzer Bischofs entzogen: Sie war von nun
an Reichsabtei und hatte im östlichen Frankenreich Besitztü-
mer von Chur bis Nimwegen. Das Zentrum ihrer Güter lag in
den Gauen um die Neckarmündung. Hier entwickelte sie sich
auch im 10. und 11. Jahrhundert zur vorherrschenden Territo-
rialmacht der Gegend, zu einer Fürstabtei. Das rief den Widerstand des älteren geistlichen Herrschaftsträgers, des Bischofs
von Worms, hervor. In Mannheim und seinen späteren Vororten standen beide einander oft schroff gegenüber. Über Mann-

heim selbst übte Lorsch vier Jahrhunderte lang die Ortsherrschaft aus, die Kirchenherrschaft über St. Sebastian lag aber immer bei Worms.

> Der Lorscher Codex (CL), die Sammlung von über 3300 Lorscher Urkunden aus sechs Jahrhunderten, dokumentiert die zentrale Rolle dieses mächtigen Klosters für die früh- und hochmittelalterliche Geschichte unseres Raumes. Die Handschrift kam durch Kurfürst Ottheinrich (1556–1559) in die Bibliotheca Palatina und wurde im 18. Jahrhundert von Andreas Lamey zum ersten Mal ediert.

Im 12. Jahrhundert zerfiel allmählich die Macht der Abtei. Viele Güter wurden verschleudert. Dabei spielten die Klostervögte eine unrühmliche Rolle. Die Klöster als geistliche Institutionen mussten zur Erledigung ihrer weltlichen Herrschaftspflichten Vögte ernennen. Diese verfügten sehr bald über die Einkünfte der Abtei und nutzten ihre Macht eigennützig, zumal die Vogteien erblich waren. Vögte über Lorsch waren im 12. Jahrhundert die Grafen von Henneberg. Über die Erbtochter der Henneberger, Irmgard, die den staufischen Pfalzgrafen Konrad heiratete, kam die Vogtei 1165 an diesen. Pfalzgraf Konrad von Staufen, der Halbbruder Kaiser Friedrichs I. Barbarossa, nutzte seine Vogteirechte über Lorsch besonders rücksichtslos zum Schaden der Abtei. Die Chronisten der Abtei brachten ihren Hass auf diesen pfalzgräflichen Vogt darin zum Ausdruck, dass sie den *comes Palatinus* = den Pfalzgrafen Konrad in ihrer Chronik in einem Wortspiel den pfälzischen Hund: *canis Palatinus* nannten.

### Übergang an die Pfalzgrafschaft

Mannheim gehörte bereits um 1200 zu den frühesten Besitzungen der Pfalzgrafschaft, die unter Konrad von Staufen (1135/1156–1195) ihren Herrschaftsmittelpunkt in das untere Neckarland verlegt hatte: Nach 1190 erhob Konrad von Staufen Heidelberg zum Mittelpunkt seiner Herrschaft im Lobdengau. Heidelberg wurde schon im 13. Jahrhundert unter den seit 1214 wittelsbachischen Pfalzgrafen pfalzgräfliche Residenz. Konrad von Staufen hatte salischen Hausbesitz – die Staufer waren die Erben der ausgestorbenen salischen Kaiserdynastie – mit Reichsgut verbunden, das ihm von seinem Bruder, Kaiser Friedrich I. Barbarossa, übertragen worden war. Die Erwerbspolitik der Pfalzgrafschaft seit Konrad von Staufen stützte sich rechtsrheinisch auf die Hochstiftsvogtei über Worms und Lorsch. So war auch Mannheim zur Pfalzgrafschaft gekommen. Seine Bedeutung zeigte sich darin, dass hier im Neckardelta zwischen Mannheim und Neckarau schon seit der ersten Häfte des 12. Jahrhunderts eine Reichsburg *(Rhein)hausen* bezeugt ist, nach der sich die Edelfreienfamilie von Hausen benannte. In diese Familie gehörte unter anderem der bekannte Minnesänger Friedrich von Hausen, der 1190 auf dem 3. Kreuzzug starb. Von da an befand sich die Burg Hausen im Besitz des mächtigen Reichsministerialen Marquard von Annweiler, der nach dem Tode Kaiser Heinrichs VI. 1197 staufischer Reichsvikar in Italien war. 1252 verkaufte diese Familie Rheinhausen an den Pfalzgrafen.

Im dritten Viertel des 13. Jahrhunderts wurde, wohl aufgrund einer Stromverlegung von Rhein und/oder Neckar von Rheinhausen aus rund 1 km nach Nordwesten, ein Zollwach- und Wohnturm direkt an den Rhein vorgeschoben, Ursprung und Kern der späteren Burg *Eichelsheim,* die in der Folge oft einfach *Feste Mannheim* genannt wurde; denn sie lag im Unterschied zu Rheinhausen auf Mannheimer Gemarkung. Sehr bald löste sie Rheinhausen ab, das zur bloßen pfälzischen Kellerei = Domäne reduziert wurde. Beide Burgen dienten neben der Herrschaftssicherung über die Neckarmündung auch als Zollburgen; die Zölle waren eine der wichtigsten und ertragreichsten Einnahmequellen der Pfalzgrafen. Das *Dominium Rheni,* die Herrschaft über den Rhein, gehörte zu ihren großen Privilegien. So war Mannheim von allem Anfang an ein zentraler Stützpunkt der Pfalzgrafschaft und späteren Kurpfalz, und es verwundert nicht, dass Mannheim als unveräußerlicher Besitz der Pfalzgrafen angesehen wurde und zum Kurpräzipuum gehörte. Das Kurpräzipuum war dasjenige Gebiet, an dem die Kurstimme hing.

Im 14. und 15. Jahrhundert wurde Eichelsheim, durch Altwasserarme geschützt, zu einer quadratischen Niederungsburg ausgebaut und mit einem kleinen Hafen versehen. Neben ihrer Zollfunktion diente diese Burg auch als Wohnburg, Arsenal und Verwaltungssitz. Dieser Eigenschaft verdankt sie von 1415–1419 einen hochstehenden, unfreiwilligen Gast: den 1415 vom Konstanzer Konzil abgesetzten Papst Johannes (XXIII.). Der damalige Pfälzer Kurfürst Ludwig III. (1410–1437) war in Vertretung des Kaisers Sigismund Konzilsprotektor in Konstanz und als solcher für die „Sicherungsverwahrung" des abgesetzten Papstes zuständig.

Anhand von drei pfälzischen „Schatzungen", Steuerlisten von 1439, 1566 und 1577, kann man die Einwohnerzahl Mannheims für diese Jahre ziemlich genau mit 460, 713 und 786 berechnen. Damit hat sich Mannheim in den letzten 100 Jahren vor der Stadtgründung bereits deutlich von seinen vergleichbaren Nachbardörfern Seckenheim und Neckarau, die bei gleichem Ausgang von jeweils 490 Einwohnern im Jahr 1577 nur 537 und 518 Einwohner hatten, fortentwickelt. Die berufliche Zusammensetzung der Einwohner verrät, dass neben Bauern und und Fischern Verwaltungsbeamte wie Keller, Zollschreiber, Einnehmer der Zölle und Beseher (Kontrolleure der Schiffsfrachten) in Mannheim wohnten; dazu kamen die Bootsknechte für die Zollboote, die die passierenden Schiffe ansteuerten und sie, wenn diese die Zahlung verweigerten, im Hafen stilllegten. Dort wurden die Waren beschlagnahmt, bis die Zölle bezahlt waren. Dabei muss man wissen, dass der Rhein auch im Mittelalter die bei weitem wichtigste Wasserstraße Europas war. Auch die frühe Einrichtung einer Schule, die 1566 bei 713 Einwohnern 30 Schüler hatte, weist auf diese beamteten Bewohner hin.

### Die Anfänge der Stadt

Die zweifache Gründung, der Festung Friedrichsburg 1606 und der Stadt 1607, zeigt an, dass es sich dabei an der Neckarmündung um die Bündelung längst vorhandener Struk-

22

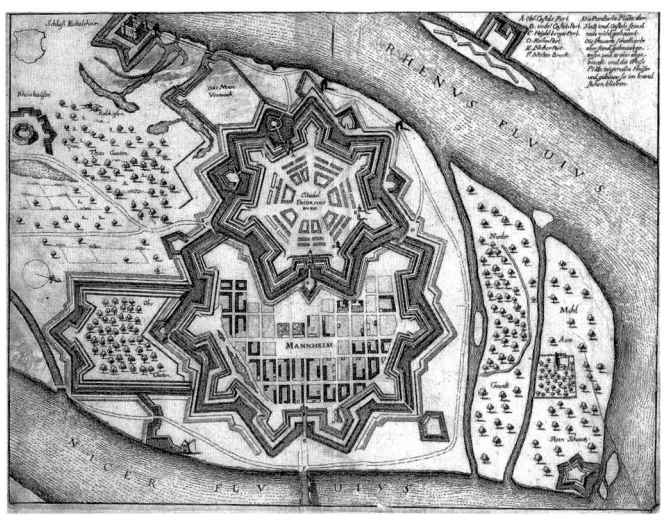

Citadell Friedrichsburg und Mannheim aus der Topographia Palatinatus
Rheni von Matthäus Merian, 1622/48

turen und Tendenzen handelte: Neben dem militärischen
Charakter der Festung gab es schon seit dem Mittelalter eine
zentralörtliche Bedeutung Mannheims als Sitz des Fischerei-
gerichts, der Mannheimer *Rheinruge*, des Zollamts und des
Arsenals in Eichelsheim und der Kellerei in Rheinhausen. Die
Festung Friedrichsburg und die Stadt Mannheim wurden
jedoch völlig neu ohne Bezug auf Vorhergegangenes geplant;
auch Eichelsheim und Rheinhausen wurden nicht in die neue
Festung einbezogen, sondern blieben unabhängig davon. Die
Anlage entsprach den neuesten Modellen des Festungsbaus,
wie sie, ausgehend von den italienischen Beispielen der
Renaissance, im Unabhängigkeitskampf der Niederlande ent-
wickelt worden waren. Sieben Bastionen umgaben den regel-
mäßigen Stern der Friedrichsburg. Nördlich davon lag die
Stadt mit acht Bastionen, deren Straßen nicht sternförmig,
sondern als gleichmäßig aufeinander folgende Rechtecke/
Quadrate vorgegeben waren. Diese Quadrate-Einteilung hat

23

alle Zerstörungen und Umformungen des Mannheimer Stadt-
grundrisses bis heute überdauert.

Der Aufbau der Stadt ging eher stockend voran und kam
1609 zunächst zum Stillstand. Wie ein Kataster und der Bela-
gerungsplan von 1622 zeigen, waren damals erst ein Drittel der
Quadrate bebaut; dort hatten sich fast alle ehemaligen Dorfbewohner niedergelassen und betrieben weiterhin Landwirtschaft und Fischerei. Die Einwohner der jungen Stadt stiegen
bis zum Ausbruch des Dreißigjährigen Krieges auf 1000 bis
1200 an, die allerdings höchstens ein Drittel der projektierten
Stadtfläche bewohnten. Über die Hälfte der Stadtbewohner
stellten die früheren Dörfler, die auch das Gericht und das
Schultheißenamt besetzten. In dem kurzen Jahrzehnt bis zum
Ausbruch des großen Krieges waren Religionsflüchtlinge aus
den spanischen Niederlanden und aus Frankreich in die junge
Stadt gekommen. Es waren immerhin schon so viele, dass
Gottesdienst in französischer Sprache notwendig wurde. Dazu kamen die Beamten der pfälzischen Behörden und Ange-
hörige der Besatzung der Festung Friedrichsburg. Als neue
zentrale Einrichtung wurde 1608/09 die Mannheimer Münze
gegründet, 1613 wurde der jährliche Maimarkt privilegiert.
Damit erhielt der in Mannheim überlieferte Viehhandel lan-
desweite Bedeutung. Der Maimarkt ist bis in die Gegenwart
als eine der größten Verbrauchermessen Deutschlands die
zentrale Veranstaltung der ehemaligen Kurpfalz, die jedes Jahr
Anfang Mai bis zu einer halben Million Besucher anzieht. Im
kriegerischen 17. Jahrhundert überwog jedoch die militärische
Funktion der Neugründung Mannheims, das Bürgerlich-Zivile
dagegen zeigt sich dagegen in einem zähen Behauptungswillen
und dem wiederholten Neuanfang aus völliger Zerstörung.

# Das Jahrhundert der Prüfungen
# (1620–1697)

96 Jahre sind es vom Beginn der Dreißigjährigen Krieges 1618 bis zum Frieden von Rastatt 1714: Davon sind allein 63 Kriegsjahre, in denen Mannheim immer wieder Kriegsschauplatz wurde. Ein halbes Dutzend Mal wurde die Festung erobert, zweimal wurde dabei die Stadt völlig zerstört und entvölkert (1644 und 1689/94), aber auch zweimal (1652 und 1700) wieder gegründet.

## Der Dreißigjährige Krieg

Die risikoreiche Politik der Kurpfalz brachte dem Kurfürstenpaar im November 1619 die böhmische Königskrone ein, zog aber auch nach der Niederlage des böhmisch-pfälzischen Heeres am Weißen Berg ein Jahr später den Krieg in die kurfürstlichen Länder Oberpfalz und Rheinpfalz. Der kurze, ein Jahr währende Königstraum Friedrichs V. und Elisabeths wurde als das „Winterkönigtum" in zahlreichen Flugblättern verspottet. Das böhmische Königspaar floh über Brandenburg ins niederländische Exil. Die siegreichen Truppen der Liga besetzten Prag und den größten Teil Böhmens. König Ferdinand, der als Ferdinand II. 1619 in Frankfurt zum Kaiser gewählt worden war, nahm den böhmischen Thron in Besitz und führte eine rigorose Gegenreformation durch.

Die groß angelegte und wirkungsvolle Strategie Tillys, eines der besten Heerführer des Zeitalters, brachte im nun folgenden Pfälzischen Krieg (1620–1623) vollen Erfolg. Zugleich nahm dieser Feldzug im begrenzten Bereich der Rheinpfalz in vielem das allgemeine Kriegsgeschehen der folgenden Jahrzehnte voraus: Manöver und Märsche, Gefechte und Schlachten, wechselnde Siege und Niederlagen im steten Wechsel,

Belagerungen und Kapitulationen, daneben Einzelaktionen auf eigene Rechnung kämpfender „Kriegsunternehmer", aber auch auf der unteren Ebene Brand, Plünderung und grausame Metzeleien wie bei der Eroberung Ladenburgs durch den Grafen Mansfeld, Verwüstung und Zerstörung von Feldern und Dörfern und völlige Ausplünderung, Vertreibung und Ermordung der Bevölkerung sowie Seuchen.

Die Truppen der Union unter dem Grafen Mansfeld zogen sich über die Oberpfalz, wo sie bald den nachrückenden Ligatruppen weichen mussten, in die Rheinpfalz zurück. Am 23. Oktober 1621 nahm Mansfeld in Mannheim Quartier. Als Kaufmann verkleidet war Friedrich V. noch einmal in sein Land zurückgekehrt; doch konnte der schwache Kurfürst und unglückliche Böhmenkönig nicht einmal auf die Pläne Mansfelds Einfluss nehmen. Die linksrheinische Pfalz hatten die mit dem Kaiser verbündeten Spanier schon 1620 besetzt, vor denen die pfälzische Regierung im Frühjahr 1621 nach Frankfurt floh. Nach einem vorläufigen Waffenstillstand löste sich die protestantische Union auf und ließ den Pfalzgrafen im Stich. Von den westeuropäischen Verbündeten des Winterkönigs schickte nur sein Schwiegervater König Jakob I. von England ein kleines Kontingent Truppen von 4000 Mann unter Horace de Veere, das zudem einen strikten Defensivauftrag hatte. Diese verschanzten sich in der noch unfertigen Festung Mannheim. Aus Norddeutschland war allerdings Herzog Christian von Braunschweig im Anmarsch, der für die pfälzische Sache gewonnen worden war. Mit ihm wollte sich Mansfeld vereinigen, um den Vormarsch Tillys in die Rheinebene zu verhindern. Tilly hatte im April 1622 systematisch begonnen, die festen Plätze im Kraichgau und in der Neckarpfalz zu besetzen. Um die Vereinigung seiner beiden Gegner zu verhindern, stellte Tilly den nach Norden abmarschierenden Mansfeld bei Lorsch, vernichtete einen Teil seines Heeres und zerstreute den Rest. Darauf wandte er sich selbst nach Norden, um Herzog Christian zu schlagen, was ihm in der Schlacht bei Höchst auch gelang. Friedrich V. musste beide wegen Geldmangels aus den pfälzischen Diensten entlassen. Danach gab es nur in den befestigten Plätzen Mannheim, Frankenthal, Heidelberg und Dilsberg Verteidiger der pfälzischen Sache. Fast ungestört konnte Tilly im Sommer 1622 beginnen, die letzten festen Plätze der Rheinpfalz zu erobern. Heidelberg und Dilsberg wurden belagert und am 15. bzw. 20. September erobert. Auch hier richtete *die Fury* der Soldateska ein Blutbad an.

Darauf begann die fünfwöchige Belagerung Mannheims. Dabei erwies sich die Doppelfestung von Friedrichsburg und Stadt eher als Schwäche, zumal weder die Bastionen völlig fertig gestellt noch die Stadt im Innern verteidigungsbereit war. Überdies hatten sich Hunderte von Bewohnern der ungeschützten Nachbardörfer in den vermeintlichen Schutz der Festung begeben und behinderten die Verteidiger in jeder Weise. Ein überaus trockener Sommer und Frühherbst begünstigten die Belagerer. Rhein und Neckar führten kaum Wasser und konnten überall leicht überschritten werden. Die Festungsgräben und alle Altwasserarme und Sümpfe, die von Vorteil für die Verteidiger hätten sein können, waren ausgetrocknet. Tilly selbst ließ seinem Herrn, Herzog Maximilian von Bayern, schreiben, er hoffe auf weiteres trockenes Wetter, denn ein Regen von wenigen Tagen würde genügen, um das Mannheimer Festungsglacis in einen bodenlosen Sumpf zu verwandeln. Nachdem man in der Stadt alle Wohnhäuser verbrannt hatte, zwangen schließlich der Mangel an Munition und Nahrung und drohende Seuchen den englischen Festungskommandanten de Veere, dem keine Hoffnung auf Entsatz geblieben war, zur Kapitulation. Diese wurde in den alten ritterlichen Formen ausgehandelt und den Engländern freier Abzug unter klingendem Spiel gewährt. Am 2. November 1622 war es so weit: Mannheim kapitulierte, de Veere zog ab und Tilly rückte in Stadt und Festung ein. Anfang 1623 wurde Frankenthal von den Spaniern besetzt. Damit waren die Kämpfe in der Rheinpfalz fürs Erste beendet. Die linksrheinische Pfalz wurde von den Spaniern, die rechtsrheinische von den Bayern übernommen. Der Kaiser entzog dem geächteten Pfalzgrafen die pfälzische Kurwürde, die am 25. Februar 1623 an Herzog Maximilian von Bayern überging. Von da an war Bayern Kurfürstentum.

Mannheim war in der Rheinpfalz der wichtigste Stützpunkt für alle Kriegführenden, was sein weiteres Schicksal

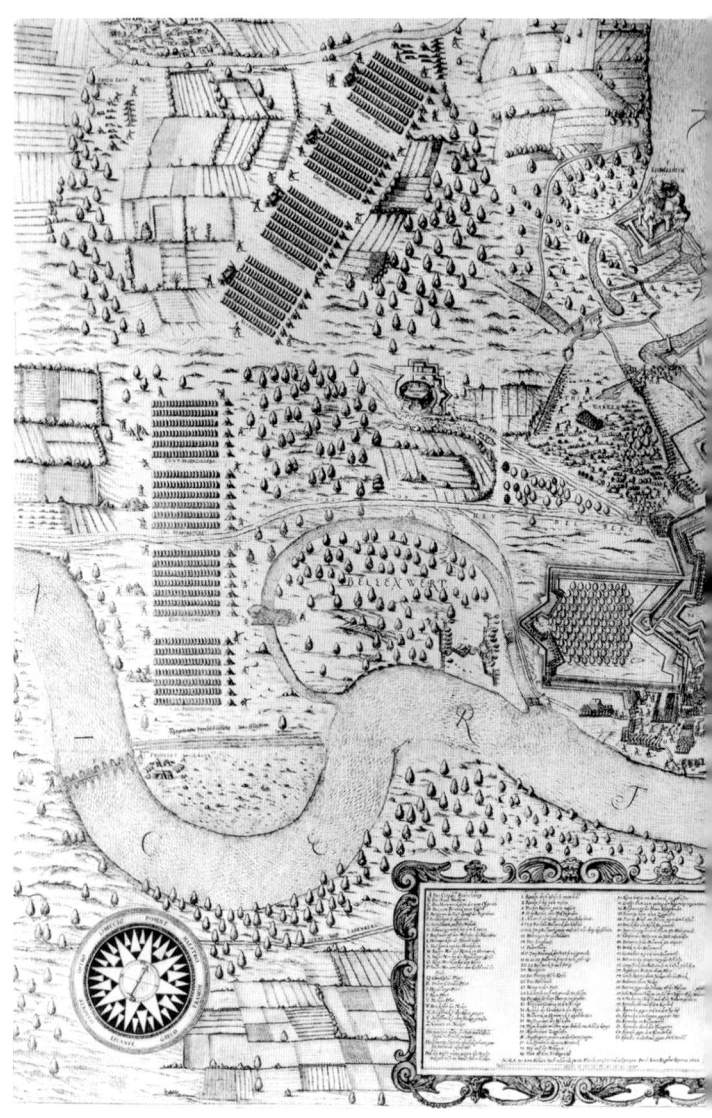

Die Belagerung Mannheims im Oktober 1622 durch General Tilly,
Kupferstich von Eberhard Kieser um 1623, dem Kaiser und
Herzog Maximilian von Bayern gewidmet

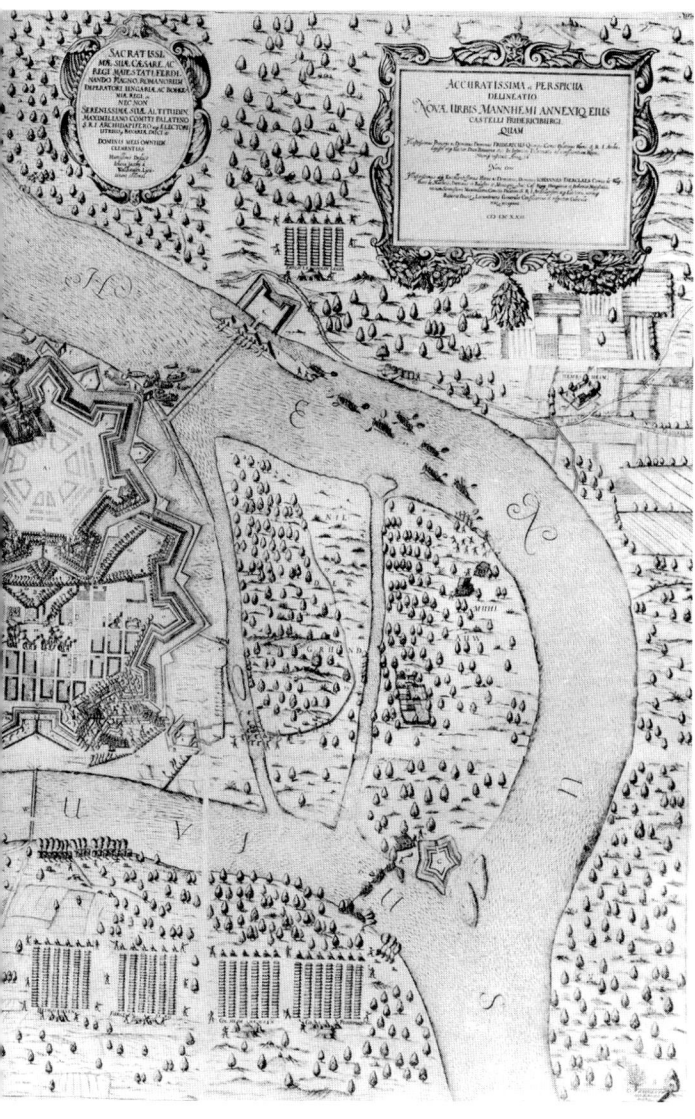

bestimmte. Zwischen 1622 und 1629 herrschte Ruhe; denn der Kriegsschauplatz war nach Mittel- und Norddeutschland gewandert. 1626 kam es zu einem Ausbruch der Pest. 1629, nach der Niederlage Dänemarks, zogen kaiserliche Truppenteile durch die Pfalz und nahmen in der Umgebung Quartier; sie versorgten sich wie üblich aus dem Land. 1630 landete König Gustav Adolf von Schweden in Pommern. Der Krieg begann aufs Neue. Gustav Adolfs Vormarsch nach Süden weckte in der Pfalz neue Hoffnung auf die Restitution Pfalzgraf Friedrichs, der sich 1631 den Schweden anschloss und über diese zum Jahreswechsel 1631/32 mit den Pfälzern Kontakt aufnahm. Mannheim und Heidelberg wurden jedoch noch von Bayern und Lothringern gehalten, während das flache Land mit den Schweden zusammenarbeitete. So griffen erzürnte Bauern bayerische Soldaten bei Verproviantierungszügen an und töteten über 100 von ihnen. Deshalb gaben die restlichen 300 Bayern Mannheim auf und zogen sich in die Burg Eichelsheim zurück. So konnte Bernhard von Weimar Ende Januar 1632 Mannheim in einem Handstreich nehmen. Trotzdem dauerte der Kleinkrieg in der Pfalz noch bis in den Herbst. Am 29. November 1632 starb Friedrich V. im Lager Gustav Adolfs in Mainz. Erst im Mai 1633 zogen sich die letzten Bayern aus Philippsburg zurück.

Die schwedische Herrschaft in der Pfalz dauerte aber nur ein knappes Jahr bis zur Niederlage der Schweden bei Nördlingen am 6. September 1634. Danach mussten sich die Schweden auch aus der Pfalz vor den nachrückenden Kaiserlichen zurückziehen. Bis 1643 hatten wieder die Bayern in der Rheinpfalz und in Mannheim das Sagen. Doch diesmal wirkte der Krieg immer wieder direkt auf das Land ein. Bedrückende Kontributionen, Beschlagnahme von allem Lebenswichtigen, Verhinderung des Feldanbaus, immer wieder Seuchen und Hunger dezimierten die Bevölkerung. 1637/39 starb in Mannheim allein ein Viertel der Garnison an der Pest. Anfang 1643 besetzte auf kaiserlicher Seite Herzog Karl von Lothringen Mannheim, von wo er Raubzüge in die Umgebung links und rechts des Rheins unternehmen ließ. In der ruinierten Stadt und den umliegenden Dörfern gab es im Oktober 1644 nur noch rund 450 Bewohner, die schließlich aus militärischen Überlegungen weggetrieben wurden. Mannheim existierte von da an nicht mehr.

Im Frühjahr 1645 kam der Krieg mit schweren Kämpfen zurück; Frankreich hatte mit großer Heeresmacht auf schwedischer Seite eingegriffen, um einen Sieg des Kaisers zu verhindern. Im Herbst 1645 standen über 32 000 Franzosen unter dem Befehl von Condé und Turenne zwischen Mannheim und der Bergstraße. In den letzten Kriegsjahren herrschte völlige Willkür. Sie forderten weitere schwere Verluste in dem geschundenen Land, so dass am Kriegsende die Rheinpfalz vier Fünftel ihrer Bevölkerung verloren hatte. Der Friedensschluss in Münster und Osnabrück am 24. Oktober 1648 änderte zunächst nicht viel, weil er in Mannheim und der Rheinpfalz erst bis zum Herbst des folgenden Jahres 1649 nachhaltig durchgesetzt wurde.

### Die „pfälzische Frage"

Im Westfälischen Frieden war auch die Kurpfalz, um die Hälfte verkleinert und von den Kriegsfolgen gezeichnet wie kein zweites deutsches Land, unter dem Sohn des Winterkönigs, Pfalzgraf Karl Ludwig, wiederhergestellt worden. Dieser hatte die Kriegsjahre in Holland und England verbracht und kehrte Anfang Oktober 1649 in die Pfalz zurück. Er wurde zwar wieder Kurfürst, erhielt aber nicht mehr die alte erste weltliche Kurwürde zurück, die bei Bayern blieb, sondern eine neu geschaffene achte, was er nie verschmerzte. Auch sonst war die „Pfälzische Frage" noch offen geblieben, so dass Karl Ludwig ein Hauptaugenmerk seiner Regierungszeit (1649–1680) auf die möglichst weitgehende Restitution der Kurpfalz richtete. Daraus entstanden schwere Konflikte: einmal mit Bayern, das seinerseits darauf aus war, alle alten Vorrechte der pfälzischen Kur wie das Amt des Erztruchsessen und das Reichsvikariat wahrzunehmen; zum anderen mit den direkten pfälzischen Nachbarn wie der Kraichgauer Reichsritterschaft, den alten Grafschaften, den Reichstädten und vor allem mit

Kurfürst Karl I. Ludwig
(1617/49–1680),
Kupferstich um 1660
nach einem Gemälde von
Johann Baptist de Rüll

den Hochstiften Speyer und Worms. Diese ehemals unter der pfälzischen Vorherrschaft stehenden Reichsstände ließen sich nicht mehr unter die pfälzische Oberhoheit zurückführen, wie sie vor dem Krieg bestanden hatte. Verschärfend wirkten die konfessionellen Unterschiede. Reichsritter, Reichsgrafschaften und Reichsstädte waren häufig lutherisch und die Fürstbistümer katholisch, während in der Pfalz das strenge kalvinistisch-reformierte Bekenntnis wiederhergestellt wurde. Darüber kam es 1670/72 in der Pfalz zu genauen Zählungen der Konfessionsangehörigen in jedem Dorf und Anweisungen an die Pfarrer und Schulmeister, alle Kinder reformiert erziehen zu lassen. Eine Kompromisslösung in diesen Konflikten war der Bergsträßer Rezess von 1651, in dem der Streit um die Bergstraße zwischen Kurpfalz und Kurmainz beigelegt wurde: Das Amt Starkenburg blieb kurmainzisch, drei Viertel des Amtes Schauenburg kehrten zur Pfalz zurück. Viernheim fiel endgültig an Kurmainz, was die badisch-hessische Landesgrenze bis heute bestimmt. In den drei Dörfern des Amtes Schauenburg, die wieder pfälzisch wurden: Handschuhsheim, Dossenheim und Seckenheim wurde im so genannten Simultaneum (Abkommen über die Nutzung einer Kirche durch verschiedene Konfessionen) öffentlicher katholischer Gottesdienst gestattet.

Zu kriegerischen Auseinandersetzungen kam es im „Wildfangstreit" 1665–1667. Die so genannten Wildfänge, d. h. unehelich Geborene, herrenlose, meist zugewanderte Leibeigene und Fahrende Leute waren aufgrund mittelalterlicher Bestimmungen pfälzische Leibeigene und dem Pfalzgrafen gegenüber steuer- und kriegsdienstpflichtig. Das führte dazu, dass manchmal fast die ganze Einwohnerschaft wormsischer oder speyerischer Dörfer von der Pfalz als Untertanen reklamiert wurde. Dieses mittelalterliche Privileg der Pfalzgrafen verletzte zutiefst die vorherrschenden, neueren Ideen eines absolutistischen Staatsverständnisses, das alle konkurrierenden Herrschaftsansprüche im Staatsgebiet beseitigen wollte. Gegen die rücksichtslose Erneuerung dieses alten Privilegs durch Karl Ludwig vereinigten sich die benachbarten Reichsstände Kurmainz, Kurtrier, Kurköln, die Bischöfe von Worms, Speyer und Straßburg, der Herzog von Lothringen und sogar die Reichsritterschaft. Es kam zu Kämpfen und, was schlimmer war, zu einer schweren Pestepidemie 1666, die lothringische Truppen eingeschleppt hatten. Diese letzte große Seuche kostete einem Drittel der Mannheimer, also rund 1200 Einwohnern, das Leben. Die vielen Toten wurden auf dem „Pestbuckel" im Jungen Busch vor der Stadt in Massengräbern verscharrt. Schweden und Frankreich vermittelten 1667 den Heilbronner Schiedsspruch, der den Pfälzer Standpunkt formell zwar stützte, aber die Pfalz mit ihren Nachbarn endgültig entzweite und ein Zusammenwachsen der Rheinpfalz blockierte.

Die Annäherung an Frankreich gipfelte 1671 in der Heirat von Karl Ludwigs Tochter Elisabeth Charlotte, der berühmten Liselotte von der Pfalz (1652–1722), mit dem Herzog Philipp von Orléans, dem Bruder König Ludwigs XIV. von Frankreich.

Für Ludwig XIV. war diese Heirat wegen der Erbansprüche Liselottes, der pfälzischen, aber auch der englischen, interessant. Zumindest jene sollten am Ende des Jahrhunderts blutig eingefordert werden! Karl Ludwig wollte seinerseits die französische Karte gegen den Kaiser und Bayern nutzen, sicher ein weithin illusorischer Gedanke angesichts der tatsächlichen Machtver-

Liselotte von der Pfalz
(1652–1722) zur Zeit ihrer
Verheiratung 1671

hältnisse. So bestimmte auch weiterhin die große europäische Politik die pfälzische Geschichte dieser Jahrzehnte: einmal der Französisch-Holländische Krieg 1672/74–1678/79 und zum zweiten die offensive französische Politik der Reunionen (1679–1684), in deren Folge große Teile der linksrheinischen Pfalz, die so genannten Souveränitätslande, von Frankreich besetzt und de facto französisch wurden. Schon 1673 operierte wieder ein großes französisches Heer unter Turenne in der Pfalz.

### Neugründung und Wiederaufbau der Stadt – eine erste Blüte (bis 1689)

1674 trat die Pfalz der antifranzösischen Koalition bei, was zu Feindseligkeiten führte. Dieses Übergewicht der Außenpolitik bestimmte die Regierungszeit Karl Ludwigs und den Aufbau des Landes. Sie erklärt aber auch die große Bedeutung und den Aufstieg Mannheims in der Karl-Ludwig-Zeit.

1652 hieß es noch von Mannheim: *Eingenommen, abgebrannt, ausgeplündert und so übel zugerichtet ..., dass anders nichts ganz stehen blieben als die Wälle, das Rathaus und etliche Mauern und Keller der verheerten Häuser.*

34

bot galt, das übrigens schon im Bergsträßer Rezess gefordert worden war.

## Aus den Quellen

1650: *Eingenommen, abgebrannt, ausgeplündert und so übel zugerichtet ... dass sie viele Jahre ohne Einwohner wüst gestanden und ist anderst nichts gantz stehen blieben als die Wälle, das Rathaus und etliche Mauern und Keller der verheerten Häuser.*

1652: *Die Wahrhafftigen und gewissen Privilegien der Statt Mannheim in der Chur-Pfaltz gelegen ... wegen der alda zusammenfließenden zweyen schiffreichen Ströme ... Alles kann zu Wasser gemächlich und mit wenig Kosten nach Mannheim gebracht werden ... Jahr- und Wochenmärkte und Marktschiffverbindungen auch Zollbefreiungen ... Kein Handwerk oder Handwercksleut sollen zu Mannheim unter Zünfften stehen, sondern mag ein jeder alda arbeiten nach seinem belieben und zwar mit so viel Knechten und Instrumenten als er gutfinden wird ... den Tuchhandel dergestalt frey handzuhaben, wie er jetzo zu Leyden, Verviers und anderswo florirt.*
*Der Magistrat* (soll) *aus wirklichen Einwohnern bestehen doch ohne Unterscheid von Nationen ... es sollen zwey oder drei begabte Kinder* (jeder Gruppe) *auf kurfürstliche Kosten so lang studiren und reisen ... biß dass sie in der Policey, Kirchen oder Schulen gebraucht werden könnten.*
(Fremdsprachige Kirchengemeinden von mehr als 50 Familien sollen auf kurfürstliche Kosten) *Pfarrer und Schulmeister in ihrer Sprach erhalten.* (Auch soziale Einrichtungen) *wie das Nieder Teutsche* (niederländische) *Ways* (Waisen) *und alter Leuthe Hauss.*

1655 waren im Rat *ein Franzose, ein Niederländer* (wegen seiner Erfahrungen als Prokurator in Vlissingen) *und ein Wallone,* (weil er) *einer von den ersten Fremdlingen war, so ihr Heil allhie gewagt, und auch den größten Anhang unter den Wallonen* (besaß). Sprachkenntnisse waren erwünscht und notwendig, die Amtssprache war deutsch, obwohl manchmal im Rat französisch verhandelt wurde, wenn es um „welsche Sachen" ging.

1663: Jacob van Deyl: *Inwendiger Plan der Stadt Mannheim wie selbige anietzo gebaut und bewohnet wirdt, den 4. Aprilis anno 1663.*

37

Henri Clignet: *Das große Werk, diese Mixtur so vielerley Natio-nen.*

1671: (eine Stadt) *darinn man allerhand Religionen passiren läst … (es) kann jeder, er sey auch von was Religion er wolle, Freiheit haben zu wohnen … (Die Einwohner) bestehen aus Lutherischen, Reformierten, Wiedertäufern, Juden, auch andere mehr, wohnen alle durcheinander, und darf ein jedweder bauen, wo er will.*

Eine ganz entscheidende und schon sehr frühe Neuerung war das Judenprivileg von 1660, das die Ansiedlung von Juden ohne Ghettobildung überall in der Stadt erlaubte. Sie konnten eine Synagoge, eine Mikwe und einen Friedhof errichten und ihre Speiseregeln einhalten. Deutsche Juden hatten eine Hausbaupflicht von Häusern über zwei Stockwerke, 12-jährige Befreiung vom Schutzgeld, danach als Schutzjuden eine Steuerpflicht von 10 Reichstalern je Familie und Jahr und sonst Gleichstellung mit allen anderen. Portugiesische Juden wurden bevorzugt, auch das eine niederländische Gepflogenheit, die auf die wirtschaftliche Kraft dieser international tätigen Gruppe spekulierte. Eine Beschwerde von 1681 über die Bevorzugung und die zu große Anzahl von Juden in der Stadt, die die Nichtjuden aus dem Handel verdrängen würden, zeigt, welch bedeutende Rolle sie schon in Mannheims Wirtschaft spielten. 1717 wurde die Zahl privilegierter jüdischer Familien auf 200 begrenzt, was durchaus verschiedene Lesarten zuließ. Aus der frühen Mannheimer Judenschaft kamen zwischen 1680 und 1720 in ganz Europa tätige Hoffaktoren wie Emanuel Oppenheimer, Wolff Löb, Abraham und Lemble Moyses und Aaron Beer. Lemble Moyses in Wien war z. B. der Bevollmächtigte des ebenfalls aus der Pfalz stammenden kaiserlichen Hoffaktors Emanuel Oppenheimer; er durfte 1719 sogar an der prominentesten Stelle der Stadt, am Marktplatz in R 1 , ein prächtiges Haus bauen. Im Vorgriff auf das Mannheim nach 1700 kann man feststellen, dass es nicht zuletzt die Juden waren, die die städtische Kontinuität Mannheims auch nach der zweiten Zerstörung bewahrten.

Aufgrund dieser „fortschrittlichen" Politik ist Kurfürst

Karl Ludwig für die bürgerliche Geschichtsschreibung des 19. Jahrhunderts eine Lichtgestalt. In diesem Zusammenhang wird immer wieder auf seine religiöse Toleranz verwiesen. In der Tat waren Konfessionsstreit oder gar -krieg für den Kurfürsten keine politische Option mehr, so sehr die Religionsfrage bis weit ins 18. Jahrhundert ein Politikum ersten Ranges bleiben sollte. So nahm er den Konfessionswechsel seiner Tochter Liselotte vom reformierten zum katholischen Bekenntnis anlässlich ihrer Einheirat ins französische Königshaus für selbstverständlich, ja spielte der Öffentlichkeit noch etwas vor, als er, scheinbar davon völlig überrascht, Bestürzung mimte. Ehrlicher war er, als er 1677–1680 als Symbol religiöser Duldung in der Friedrichsburg eine Konkordienkirche (Eintrachtskirche) bauen und seine Hoffnungen auf eine Einigung (*concordia)* zumindest der beiden evangelischen Hauptkonfessionen setzte, was nahe lag, nachdem er 1657 die Lutheranerin Marie Louise von Degenfeld (1634–1677) morganatisch geheiratet hatte (eine morganatische Trauung ist Zweittrauung zur linken Hand mit einem nicht ebenbürtigen Partner). Aus dieser Ehe gingen 16 Kinder hervor. Diese „Raugräfin" wohnte mit ihrer Familie meistens in dem kleinen Schloss in der Friedrichsburg. Bei der Einweihung der Konkordienkirche am 27. Juni 1680 durfte neben dem reformierten und lutherischen Pfarrer sogar ein Kapuziner predigen. Doch blieb dieses spektakuläre Unternehmen eher spielerische Utopie eines absolutistischen Fürsten ohne praktische Folgen. Erst 141 Jahre später, im Jahr 1821, kam es im damaligen Großherzogtum Baden wirklich zur „Union" der badischen lutherischen mit der ehemals kurpfälzischen reformierten Kirche.

Die erste Konkordienkirche in der Friedrichsburg wurde nach dem Tod Karl Ludwigs 1680 funktionslos, denn sein Sohn und Nachfolger, Kurfürst Karl (1680–1685), war streng reformiert und hatte für derartige Unionspläne kein Verständnis. Sie diente nunmehr dem reformierten Gottesdienst in der Festung Friedrichsburg und wurde 1689 bei der zweiten Zerstörung Mannheims gesprengt. Dennoch war die Idee einer „Concordie" nicht gänzlich tot. Kurfürst Karl dachte nun daran, für die Reformierten deutscher und französischer Zunge eine Doppelkirche mit einem gemeinsamen Turm in der Mitte zu bauen, ein Kirchenschiff für die deutschen (und niederländischen) Reformierten und ein zweites für die französischen. 1684 schenkte der Kurfürst das Quadrat R 2 der Stadt Mannheim und ließ den pfälzischen Oberbaudirektor Johann Peter Wachter eine Doppelkirche planen. Noch im selben Jahr nahm Kurfürst Karl persönlich den ersten Spatenstich für die Baugrube vor. Am 13. Oktober 1685, schon unter seinem katholischen Nachfolger Philipp Wilhelm aus dem Haus Pfalz-Neuburg, wurde der Grundstein gelegt. Der erste Gottesdienst wurde am 21. Oktober 1688 gehalten, der letzte am 6. März 1689 gewaltsam verhindert. Zwei Tage später wurde die *überauß schöne neue Kirch mit ihrem Thurm durch unterschidliche Minen übern Hauffen geworffen,* also gesprengt, im Zuge der allgemeinen Zerstörung der Stadt nach ihrer Eroberung durch die Franzosen im Pfälzischen Erbfolgekrieg.

**Handel und Gewerbe:** Die wirtschaftlichen Erwartungen, die in den Privilegien geweckt wurden, erfüllten sich in den Friedenszeiten erst allmählich. Eine wichtige Investition war die fliegende Brücke von 1669, die weithin Aufsehen erregte, eine Gierfähre mit einer Plattform auf zwei starr miteinander verbundenen Schiffen. Damit wurde viel Überlandverkehr in die Stadt gelenkt. Die Brücke war ein kurfürstliches Regal. Da sie sich durch reichlich einfließende Fährgelder rentierte, wollte die Stadt sie übernehmen, was die Regierung fürs Erste ablehnte.

---

### 1669: Ein „kluger Schiffsbaumann"

Wilhelm Tautpheus aus Bacharach erhält den Auftrag, eine leistungsfähige „fliegende Brücke" über den Rhein zu bauen. Zum Erstaunen der Zeitgenossen konnte diese geräumige Gierfähre mehrere hundert Mann gleichzeitig befördern, wie ein Dichter dichtete:

> Zu Mannheim eine Brück, die auf dem Wasser stehet,
> Und ohne Segels Hülf und Riemen übergehet,
> Darauf in einer Fahrt man etlich hundert Mann
> Zusammen über Rhein bequemlich führen kann.

Die fliegende Brücke 1669 mit Stadtpanorama von der linken Rheinseite, Kupferstich

Karl Ludwig selbst schrieb am 28. August 1669 an Louise von Degenfeld: *Gestern seind wir mit hundert Pferd uff einmal mit der fliegenden Brück über Rhein in einem Hui gefahren. Wenn ich bis Frankenthal hätte also gemächlich kommen können, hätte ich mich nicht wund geritten.*

Die Überquerung des Neckars war unbestritten eine städtische Angelegenheit. 1682 wurde eine Schiffsbrücke über den Neckar in Auftrag gegeben, die aber schon 1689 von den Franzosen weggenommen wurde. Immer noch waren die beiden Flüsse die wichtigsten Verkehrsadern. Auf dem Neckar hatten die Pfälzer freie Fahrt. Auf dem Rhein stießen sie auf die althergebrachte Konkurrenz der Straßburger, Speyerer und Wormser Schiffergilden. Die größten Schwierigkeiten bereitete aber der Mainzer Stapel, demgemäß jedes Handelsschiff, das Mainz passierte, anlanden, die Waren ausladen und den Mainzern drei Tage lang zum Verkauf anbieten musste. Fand sich kein Käufer, konnte der Schiffer weiterfahren. Der Mainzer Stapel behinderte den Export des Pfälzer Holzes, Getreides und Weins in die Niederlande und nach England sehr. Außerdem gab es zwischen Mainz und Köln 11 Zollstätten.

Allmählich aber konnten sich die Mannheimer in diese Vorrechte einschalten. 1675 erbot sich der Mannheimer Bürger Olivier de la Motte, *ein ordinari* (regelmäßig verkehrendes) *Marktschiff wöchentlich einmal auf Mainz und von dannen wieder anhero* fahren zu lassen. Er bekam bald Kon-

41

kurrenz. Auch nach Speyer und Worms fuhren regelmäßig Marktschiffe. Diese beförderten Waren und Personen. Sie waren somit die ersten öffentlichen Verkehrsmittel; denn die Thurn & Taxis'sche Reichspost ging nicht über Mannheim. (Ihre Linie von Speyer nach Frankfurt führte über Neckarhausen und Ladenburg an die Bergstraße.) In diese Lücke stießen private Postunternehmer, die Postlinien, so genannte Landkutschen, einrichteten: 1668 nach Heidelberg, 1673 nach Neustadt, Frankenthal, Worms und Alzey, 1678 nach Frankfurt.

Die wirtschaftliche Basis der Stadt war der Handel mit landwirtschaftlichen Produkten, den so genannten Handelsgewächsen wie Wein und Tabak. Für beide Produkte war von Vorteil, dass relativ wenig Ackerland für den Lebensunterhalt einer Familie genügte. Der Weinhandel und -export rheinabwärts war seit dem Mittelalter in der Pfalz üblich, der Tabakanbau auf der Mannheimer Gemarkung und denen der Nachbardörfer setzte sich seit den 1660er-Jahren schnell durch. Dem Verkauf des Tabaks diente die öffentliche Waage, für die 1685 ein Waaghaus errichtet wurde. Die städtischen Waaggeldeinnahmen waren nicht unbeträchtlich. Seit den 1680er-Jahren setzte sich die Tendenz durch, die Tabakernten der Nachbarschaft in Mannheim zu vermarkten, eine Tradition, die sich bis weit ins 20. Jahrhundert erhielt. Auch die zum Tabakgenuss notwendigen Tonpfeifen wurden in der Stadt produziert.

Ein Fehlschlag war die in den Privilegien von 1652 verkündete Zunftfreiheit. Die ohne Zünfte in Mannheim produzierten Waren konnten außerhalb nicht abgesetzt werden und die Mannheimer Handelsleute wurden *schimpflich und verächtlich traktiert*, so dass die Mannheimer Handwerker selbst die Einführung von Zünften forderten. Die erste Handwerksordnung wurde 1665 erlassen. Schneider und Schuhmacher waren die ersten, denen bald die anderen Handwerke folgten. Bis in die Mitte der 1680er-Jahre war das Zunftwesen allgemein eingeführt.

Der Industriezweig, auf den man nach den Erfahrungen des 16. Jahrhunderts in den pfälzischen Nachbarstädten wie

Frankenthal die größten Hoffnungen setzte, war das Textilgewerbe. Karl Ludwig richtete in Mannheim für die meist aus Flandern kommenden Tuchmacher – *Drapiers* – Werkstätten in der so genannten Drapiergasse ein. Aber die Neuankömmlinge hatten gegen die bereits gut eingeführten Textilbetriebe in den Nachbarstädten kaum eine Chance. Auch die Folgegewerbe wie die Färberei reüssierten nicht. Ein wichtiges Gewerbe betrieben die Bierbrauer, die es in Verbindung zu Wirtshäusern genügend – an die 50 – gab. Heute noch existiert die 1679 zum ersten Mal belegte Braugaststätte „Zum Eichbaum."

### Der Pfälzische Erbfolgekrieg (1688–1697)

Nachdem Karl Ludwig unter einem Baum am Neckarufer in Edingen auf dem Weg von Mannheim nach Heidelberg am 28. August 1680 gestorben war, trat sein Sohn Karl die Regierung an. Er fand ein Land im Aufschwung vor, besonders die Stadt Mannheim stach hervor. Sie hatte inzwischen an die 6000 bis 7000 Einwohner. Doch war der junge Kurfürst in fast allem das Gegenteil seines Vaters. Ein leichtfertiger und unernster Charakter, betrieb er nur eins mit Energie, nämlich die Reinigung der Pfalz von nichtreformierten Religionen und zugleich die Aufhebung der „Konkordie" in der Friedrichsburg. Sonst widmete er sich mit Vorliebe törichten theatralischen Kriegsspielen, in denen er mit seinen Truppen historische Belagerungen und Schlachten nachstellte. Bei diesem Sport schonte er sich nicht. Im Juli 1684 spielte er die Belagerung von Negroponte aus dem aktuellen Türkenkrieg nach, indem er die Festungsruine Eichelsheim von pfälzischen Soldaten in türkischer Tracht belagern und beschießen ließ. Vier Wochen dauerte das Spiel, bei dem er sich im „Moras", den Sümpfen vor der Stadt, ein tödliches Fieber, wahrscheinlich Malaria, holte, an dem er Ende Mai 1685 verstarb. Mit ihm starb das Haus Pfalz-Simmern, das seit 1559 die Pfälzer Kurfürsten gestellt hatte, im Mannesstamm aus. Die vielen Kinder Karl Ludwigs aus der morganatischen Ehe mit der Raugräfin hatten kein Erbfolgerecht.

Von der kurzen Regierung Karls waren – ganz im Unterschied zu seinem unermüdlich zum Wohle Mannheims und des ganzen Landes tätigen Vaters – keine Impulse ausgegangen. Unter ihm griff vielmehr eine Unsitte um sich, die auch im folgenden Jahrhundert nicht auszurotten war: die Verschwendung staatlicher Ressourcen in kostspieligen Vergnügungen und teuren Festen. Der Finanzierung dieser Ausgaben diente eine hemmungslose Schuldenmacherei, die wiederum Korruption in Form von Bestechung, willkürliche Taxen häufig erpresserischen Charakters und Ämterkauf zur Folge hatte. Schon 1681 musste die bei jedem Regierungswechsel nötige Erneuerung der Stadtprivilegien durch den neuen Kurfürsten durch Zahlungen, merkwürdigerweise damals „Diskretionen" genannt, an verschiedene mehr oder weniger maßgebliche Leute vom Kanzlisten und Sekretär bis zum Landvizekanzler insgesamt in Höhe von 285 Gulden erkauft werden. Bis zur öffentlichen Verlesung dieser Privilegien, die endlich am 12. Januar 1683 zu Stande kam, fielen wieder mehrere hundert Gulden Bestechungsgelder an. Für alle Regierungsakte, so ließ man am Heidelberger Hof durchblicken, sei es besser, *etwas an Silberwerk zu geben!* Bis in die Stadtspitze wuchs die Neigung zur Großspurigkeit. So trugen auch der Schultheiß und alle Ratsherren, die ja dazu nicht verpflichtet waren, vom Leichenbegängnis für den toten Kurfürsten am 30. Juni 1685 an mehrere Monate lang Hoftrauer. Diese schwarze, kostbare Kleidung kam die Stadtkasse auf 607 Gulden zu stehen, denn niemand dachte daran, sie auf eigene Kosten zu beschaffen.

Trotz der Bedeutungslosigkeit dieses schwachen Kurfürsten für die Pfälzer Geschichte brachte sein früher erbenloser Tod einen tiefen Epocheneinschnitt, denn verschiedene Erbansprüche prallten aufeinander und bildeten mit der großen europäischen Politik ein unentwirrbares Knäuel, in dessen Mitte auch Mannheim steckte. So ist der Pfälzer oder Orléanssche Erbfolgekrieg (1688–1697), den die französische Geschichtsschreibung *Guerre de la Ligue d'Augsburg* – Krieg mit der Liga von Augsburg nennt, der erste große europäische Erbfolgekrieg.

Um die zweite völlige Zerstörung Mannheims verstehen

zu können, müssen wir einen Blick auf die große europäische Politik werfen. Die in französischen Augen durchaus erbberechtigte Schwester des verstorbenen Kurfürsten, die bekanntlich als Herzogin von Orléans am Versailler Hof lebende Liselotte von der Pfalz – Ludwig XIV. wusste schließlich, warum er diese Hochzeit gewollt hatte – fasste in einem Brief vom 14. April 1689 an ihre Tante, die Herzogin Sophie von Braunschweig-Lüneburg, voller Scharfblick und politischem Verstand die internationale Situation zwischen 1685 und 1688 folgendermaßen zusammen: „Der Prinz von Oranien beherrscht alles, der Kardinal von Fürstenberg entzweit alles, der König von Frankreich beansprucht alles, der Papst verweigert alles, Spanien verliert alles, Deutschland widersetzt sich allem, die Jesuiten mischen sich in alles. Wenn Gott nicht alles in Ordnung bringt, wird der Teufel alles holen!"

Der Prinz von Oranien war Wilhelm III. von Holland und England, der durch die Glorreiche Revolution 1688 den katholisierenden letzten englischen Stuartkönig Jakob II. verjagt hatte und zum stärksten Gegner Ludwigs XIV. und Haupt des europäischen Protestantismus geworden war.

Wilhelm Egon von Fürstenberg, 1682–1704 Bischof von Straßburg, seit 1686 Kardinal, war Parteigänger Ludwigs XIV. im Reich. Straßburg war 1681 von Frankreich in einem Handstreich okkupiert worden. Egon von Fürstenberg war ein großer Diplomat und hatte überall seine Hand im Spiel und wollte Erzbischof von Köln unter französischem Protektorat werden.

Ludwig XIV. beanspruchte die ganze Pfalz als Erbe für Liselotte bzw. ihren Mann und seinen Bruder, den Herzog von Orléans.

Spanien hatte nach mehreren gegen Frankreich verlorenen Kriegen seit dem Pyrenäenfrieden von 1659 seinen Status als entscheidende Großmacht fast völlig eingebüßt und stand bei der Schwäche seines habsburgischen Königshauses selbst als Erbfolgeobjekt an.

Der Papst stand zwischen den katholischen Großmächten Frankreich, Spanien und dem Kaiser. Darüber hinaus winkten dem Papst nach 1685 große Fortschritte der Gegenreformation. Die Türken waren im Vordringen und belagerten 1683 erfolglos Wien.

Der Kaiser, damals Leopold I. (1658–1705), führte, durch seine Feldherrn, Prinz Eugen und Markgraf Ludwig Wilhelm von Baden, Krieg mit den Türken und eroberte gerade Ungarn. Er war mit Eleonore von Pfalz-Neuburg verheiratet, Tochter des nach dem Reichsrecht pfälzischen Prätendenten Philipp Wilhelm (1615–1690). Der Kaiser wollte die wittelsbachische Erbfolge des Hauses Pfalz-Neuburg in der Pfalz, kein weiteres französisches Vordringen am Rhein, keine französische Erbfolge in Spanien. Er hatte gerade die Einsetzung Wilhelm Egons von Fürstenberg als Erzbischof und Kurfürst von Köln verhindert.

Die Jesuiten hatten als Beichtväter an fast allen katholischen Höfen Europas großen Einfluss, dachten überall an Gegenreformation (Aufhebung des Edikts von Nantes in Frankreich 1685; Hoffnung, unter Jakob II. England zurückzugewinnen; ebenso wie die Pfalz unter einem katholischen Fürstenhaus Pfalz-Neuburg) und wurden von den Protestanten, aber auch von innerkirchlichen Gegnern wie den Jansenisten in Frankreich mit großem Misstrauen beobachtet.

Nun erhob die französische Diplomatie für Liselotte Ansprüche auf die Pfalz oder wenigstens auf die Territorien des Hauses Simmern. Doch Kaiser und Reich erkannten den Pfalz-Neuburger Philipp Wilhelm als neuen Kurfürsten von der Pfalz an. Frankreich antwortete darauf mit einer Verstärkung seiner schon in den Rheinlanden von Freiburg und Straßburg an bis in kurkölnische Gebiete stehenden Truppen. Am 24. 9. 1688 eröffnete Ludwig XIV. den Angriff auf Philippsburg. Die Liga von Augsburg erklärte diplomatisch klug zu ihrem Ziel die Wiederherstellung der Ergebnisse des Westfälischen und des Pyrenäenfriedens, die de facto von Frankreich aufgekündigt worden waren.

Schon im Frühjahr 1689 hatte Ludwig XIV. die Besetzung, Brandschatzung und völlige Verwüstung der Pfalz und benachbarter Territorien zwischen Schwarzwald und Hunsrück als ein Glacis an der französischen Ostgrenze angeordnet. Dazu sollte eine modern ausgebaute Festungskette errichtet und gehalten werden. Diese doppelte Taktik war als Defensivmaßnahme gegen kaiserliche und Reichstruppen gedacht, wenn diese den Türkenkrieg siegreich beendet haben sollten, womit man rechnete. Für die Festungen war Vauban, für die großräumige Verwüstung des Landes waren Tessé und Mélac „zuständig". In dieses Konzept passte die Festung Mannheim nicht, ebenso wenig die Reichsstädte Speyer und Worms, die pfälzischen Städte Heidelberg, Frankenthal, Oppenheim und Bingen. Über diese erging direkt aus dem Kriegskabinett Ludwigs XIV. und seines Kriegsministers Louvois der Befehl des *sac du palatinat*, der Verwüstung und Ausraubung der Pfalz. Der ausbrechende große Krieg wurde nicht nur an Ober- und Niederrhein, sondern auch in Katalonien, Italien und den Niederlanden ausgetragen.

In dieser Katastrophe ist Mannheim der negative *Sonderfall einer bis zur Applanierung* (Einebnung) *durchgeführten Devastation* (Verwüstung). Als Festung lag es gerade eben außerhalb der französchen Festungslinie und den Feinden durfte es nichts nützen. Mannheim wurde daher im Versailler Kriegskabinett zum Tode verurteilt. Neben der militärischen Bedeutung Mannheims darf man durchaus auch vermuten, dass es in den Augen Ludwigs XIV. die blühende Zufluchtsstätte französischer Hugenotten war, die man vernichten wollte. Diese zumindest verstanden das so; denn was ihnen und allen Protestanten unter französischer Herrschaft drohte, konnte man aus Ludwigs Religionspolitik in Frankreich erfahren.

So setzte ziemlich bald eine Abwanderung französischer Protestanten aus Mannheim und der ganzen Pfalz nach Brandenburg ein. Bekanntlich hatte der große Kurfürst Friedrich Wilhelm von Brandenburg als Antwort auf die Aufhebung des Ediktes von Nantes 1685 das Toleranzedikt von Potsdam erlassen und die französischen Religionsflüchtlinge in sein Land eingeladen.

**Die zweite Zerstörung der Stadt:**   Um angesichts der für Frankreich gefährlichen großen Allianz das Gesetz des Handelns zu behalten, bot sich Louvois und Ludwig XIV. das weithin offene Südwestdeutschland an und in dessen Zentrum die Kurpfalz. Kaiser und Reich befanden sich im (siegreichen) Türkenkrieg und vertrauten auf den 1683 mit Frankreich abgeschlossenen 20-jährigen Regensburger Stillstand.

Bei der militärischen Schwäche des Oberrheinischen Reichs-kreises und der einzelnen Reichsstände im Südwesten gegen-über der modernsten Kriegsmaschine der Zeit schien ein leich-ter Feldzug möglich zu sein. Ziel war es, vollendete Tatsachen zu schaffen und mit der Pfalz ein Faustpfand zu gewinnen. Lud-wig XIV. entschied sich am 22. August 1688 jedoch zunächst, das Erzbistum Köln zu besetzen. Einen Tag danach stellte er dem Kaiser ein Ultimatum, die französischen Reunionen (im Frieden unter Rechtsvorwand besetztes Reichsgebiet wie z. B. Straßburg) anzuerkennen und gab gleichzeitig den Befehl, am 24. September Kaiserslautern als Bestandteil des für die pfäl-zische Liselotte beanspruchten simmerschen Erbes einzuneh-men. Dieses gelang bis zum 29. September; zuvor hatten sich bereits Neustadt und Alzey kampflos ergeben; es folgten bis zum 17. Oktober Worms, Oppenheim, Bingen und Bacharach und zum Schluss Mainz.

Kurfürst Philipp Wilhelm, der sich gerade in Mannheim auf-hielt, verließ daraufhin mit dem Hof die Stadt und zog sich über Heidelberg nach Neuburg an der Donau zurück. Zur Absicherung seines Vorgehens ließ Ludwig XIV. die Reichsfes-tung Philippsburg in der Meinung belagern, dass diese schnell genommen werden könnte. Das gelang jedoch nicht. Philipps-burg widerstand hartnäckig und durchaus erfolgreich, was in Versailles zu Irritationen führte. Erst am 1. November 1688 ergaben sich die Kaiserlichen. Schon während der Belagerung Philippsburgs hatte man beschlossen, das Gebiet zwischen dem Oberrhein und dem Neckar bis Heilbronn zu besetzen. Damit wollte man den Kaiserlichen einen erwarteten Gegen-stoß unmöglich machen. Dies geschah in den folgenden Wochen: Die kleineren, oft altertümlich und unzureichend befestigten Städte sollten entfestigt werden; das besetzte Ter-ritorium sollte einerseits Kontributionen und Fourage auf-bringen, um die Besatzungstruppen zu versorgen, andererseits bei einem Gegenstoß durch kaiserliche oder Reichstruppen als Glacis dienen. Die weite Ausdehnung des Besatzungsge-bietes nach Osten war notwendig geworden, weil die Dörfer der Rheinebene längst „ausfouragiert", also leer gefressen waren.

Inzwischen hatte man sich über den Zustand der Festung Mannheim unterrichtet und festgestellt, dass *die Stadt*(befestigung) *absolut nichts tauge* und nur rund 1200 Mann Besatzung in der Festung lägen. In Wirklichkeit sah es etwas besser aus: „Die Befestigungswerke werden wohl, nachdem sie in den vorangegangenen Jahren wiederholt erweitert und verbessert worden waren, in gutem, verteidigungsfähigem Zustand gewesen sein. Zweifellos war die Garnison schwach. An guten Geschützen aber war kein Mangel, ... und Munition soll für ein ganzes Jahr vorhanden gewesen sein. In den Magazinen lagen ansehnliche Getreidevorräte, jedoch war in der Stadt nicht für genügende Mahlgelegenheit gesorgt: Die Rheinmühlen mussten natürlich sofort eine Beute der feindlichen Geschosse werden, eine Windmühle scheint nicht mehr in Betrieb gewesen zu sein ... Doch hatte man sich in Stadt und Festung rechtzeitig mit Lebensmitteln aller Art verproviantiert, so daß fürs erste keine Aussicht bestand, Mannheim in kurzer Zeit aushungern zu können. Gleich bei der ersten Nachricht vom Anrücken der Franzosen traf auch die Bürgerschaft im Benehmen mit dem Gouverneur Anstalten zur nachdrücklichen Verteidigung der Stadt." (WALTER)

Die Bürgerwehr bestand damals aus fünf Kompagnien zu je 125 bis 250 Mann, umfasste also ca. 1050 Mann. Der Bürgerwehr war die Verteidigung der Stadt anvertraut, dem regulären Militär die der Festung Friedrichsburg. Bis zum 4. November 1688, an welchem Tag der Dauphin als Oberbefehlshaber der französischen Armee eintraf – denn diesem wollte man einen schönen, leichten Sieg ermöglichen –, war der Belagerungsring bereits geschlossen. Vor Eröffnung der Kampfhandlungen schickten die Franzosen einen Bauern aus der Umgebung mit Flugblättern in die Stadt, um Obrigkeit und Bürger zur Kapitulation aufzufordern. Den Soldaten wurden bei Desertion 10 Louis d'or und Übernahme ins französische Heer versprochen. Die Stadt wurde damals von 834 Familien, die Friedrichsburg von 45 Familien bewohnt; dazu kamen 900 Soldaten; insgesamt waren über 5000 Menschen in Stadt und Festung eingeschlossen.

**Kapitulation Mannheims:** Der Oberkommandierende in der Festung war der Oberst Bernhard Freiherr Seliger von Seligenkron; zwischen ihm und der Bürgerschaft gab es heftige Spannungen. Wegen des monatelang ausgebliebenen Soldes für die Soldaten lag aber auch Meuterei in der Luft. Die Situation der Verteidiger war an sich nicht ungünstig, da seit dem 4. November ein Dauerregen niederging, der das Mannheimer Festungsglacis in einen Morast verwandelte. Das Gros der Belagerer musste sich deshalb nach Feudenheim, Seckenheim und Ilvesheim zurückziehen. Fürs Erste kam es zu lang anhaltenden Kanonaden. Am Abend des 8. November begannen die Belagerer, die Stadt zu berennen, für den Bau des Laufgrabens wurden 1200 Arbeitskräfte aus den umliegenden Dörfern rekrutiert: „Der Kugelregen wuchs und mit ihm die Mutlosigkeit der Bürger. Vom ungewohnten Kriegsdienst ermattet, sehnten sie sich nach Ruhe, viele legten die Waffen nieder, die sie wegen der unglaublichen Zustände in der Garnison doch nutzlos zu führen meinten, und ihre Weiber suchten die Kapitulation zu erzwingen, indem sie mit weißen Leintüchern auf den Wällen winkten." (WALTER, S. 329).

Im Stadtrat wurde hektisch beraten, während der Beschuss weiterging und immer wieder Brände ausbrachen. Die Bürger erreichten gegenüber Seligenkron, dass sie eine Delegation ins französische Hauptquartier in Neckarau schicken konnten, die über eine Verschonung der Stadt verhandeln sollte, ohne dem Schicksal der Festung Friedrichsburg vorzugreifen. Am Abend des 10. Novembers begab sich die städtische Abordnung ins französische Hauptquartier und warf sich dem Dauphin zu Füßen. Sie trug ihre Bitte vor, worauf ihr allerdings klar gemacht wurde, dass es nur eine Gesamtkapitulation geben könne. Man könne den Mannheimern nur Hoffnung auf Gnade machen. Am nächsten Morgen sollte die Kapitulation erfolgen. Das war allerdings nicht das, wozu sie Seligenkron ermächtigt hatte. Doch stand er auf verlorenem Posten; denn auch seine Soldaten in der Friedrichsburg hatten in ihrer Mehrzahl keinen Kampfesmut mehr. Sie stellten sich auf die Seite der Mannheimer Bürger und begannen, seine Befehle zu verweigern.

Nachdem die Franzosen die Schwäche der Belagerten erkannt hatten, steigerten sie am 11. November die Beschießung der Stadt. Darüber kam es zu einem dramatischen Ausbruch von Meuterei, als sich ein Teil der Soldaten weigerte, die unter Beschuss auf den Wällen kämpfenden Kameraden abzulösen. Seligenkron erschien persönlich, um die Meuterer zum Kampf zu zwingen. Diese erhoben ihre Gewehre gegen ihn; einer legte auf ihn an. In letzter Minute wurde Schlimmeres verhütet. Seligenkron gab nach und erklärte sich nun bereit, die Kapitulation anzubieten. Am 12. November 1688 war es soweit. Stadt und Festung kapitulierten und öffneten die Tore. Dabei kam es noch zu wüsten Szenen, indem die meuternden Soldaten zu plündern anhoben, so dass Seligenkron gegen seine eigenen Leute französische Hilfe in Anspruch nehmen musste.

Der Dauphin gewährte Seligenkron einen ehrenvollen Abzug. Am frühen Nachmittag zog die pfälzische Besatzung aus der Festung – 300 bis 400 Mann waren es noch, die übrigen waren zu den Franzosen übergelaufen. Nach dem Austausch der üblichen Höflichkeiten zwischen dem Dauphin und Seligenkron, setzte dieser über den Neckar und zog, von Franzosen eskortiert, über Viernheim an die Bergstraße Richtung Darmstadt. Am Abend dieses Tages war Mannheim ganz in der Hand der Franzosen. Am 14. November wurde in der Eintrachtskirche der Friedrichsburg das Te Deum gefeiert. Danach verließ der Dauphin Mannheim, um die Belagerung Frankenthals voranzutreiben. In Mannheim griff Ungewissheit um sich. Der französische Kommandant La Serre berichtete, dass die Einwohnerschaft *aus allen Ecken der Welt* ein Großteil französischsprachige Hugenotten und Wallonen waren, er schätzte nur 30 einheimische Familien. Natürlich kam es bald zu Plünderungen und Übergriffen.

Gleichzeitig ließ der französische Kriegsminister Louvois Philippsburg zu einer starken französischen Festung ausbauen, die in Verbindung mit den Festungen Landau und Fort Louis uneinnehmbar werden sollte. Am 15. November war in Versailles die Nachricht vom Fall Mannheims eingetroffen. Nur die Rücksicht auf „Madame" (Liselotte von der Pfalz) ließ den König noch etwas zögern. Am 17. November fiel die endgültige, noch streng geheim gehaltene Entscheidung, die Liselotte das Herz bluten ließ, zumal sie von ihrem Mann erfuhr, dass sich der *Dauphin prepariert, das gute Mannheim zu brennen und zu bombardirn.*

Die Franzosen hatten nun den Feldzug in Südwestdeutschland siegreich abgeschlossen, aber trotzdem keinen Frieden erreicht. Vielmehr mussten sie erkennen, nicht zuletzt unter dem Eindruck der erfolgreichen Landung Wilhelms von Oranien in England und der kopflosen Flucht Jakobs II. nach Frankreich, dass ein langer Krieg drohte, zumal im Dezember bekannt wurde, dass nach dem Sieg im Türkenkrieg 25 Regimenter kaiserliche und Reichstruppen aus Ungarn heranrückten. Auch sächsische Verbände näherten sich von Nordosten dem mittleren Neckar. So konnte die weit vorgeschobene Besetzung des mittleren und oberen Neckarlandes nicht mehr gehalten werden. Louvois musste um die Jahreswende seine Truppen auf die Linie Pforzheim–Heidelberg–Mannheim zurücknehmen.

**„Kein Stein soll auf dem anderen bleiben …"** (1689): In diesem strategischen Zusammenhang übertrug Louvois dem Grafen Tessé das Oberkommando über diesen Teil der Front. „Dessen Untergebener war der Haudegen und Dragonerbrigadier Ezéchiel de Mélac, der sich nicht nur in der Pfalz als Personifizierung französischer Kriegsgreuel, blindwütiger Zerstörungswut und Menschenverachtung einen traurigen Ruf erwarb" (VETTER, 2002, S. 86). Louvois rechnete allerdings nicht damit, dass deutsche Truppen vor dem Frühjahr 1689 am Rhein sein könnten, so dass man sich für die Zerstörung Mannheims, die in Versailles heftig gefordert wurde, Zeit lassen konnte. Darüber hinaus hatte der Festungsbaumeister Vauban allein für die *démolition* (Schleifung der Wälle und Bastionen) der Friedrichsburg sechs Wochen Arbeitszeit veranschlagt. So schwebte die Stadt den ganzen Winter hindurch zwischen Hoffen und Bangen. Doch schien alles schneller zu gehen, nachdem die Kursachsen schon Ende Dezember an der Jagst standen. Die Neckarlinie war nicht mehr zu halten. Graf Tessé musste am 1. Januar 1689 überstürzt Heilbronn verlas-

Der „Mordbrenner"
Mélac, Flugblatt
um 1700

Eigentliche Abbildung des Franzœischen Mordbrenners de Melacc etc:

sen. Schon für diesen Teilrückzug galt der Befehl des Königs, alle Städte am Neckar zu zerstören und zu vernichten, was man nicht mitnehmen konnte. Ein düsteres Vorzeichen für Mannheim! Doch noch einmal kam es zu einer militärischen Atempause bis Ende März, als die deutschen Truppen Ende Januar in die Winterquartiere gingen. Nichtsdestoweniger begann Mélac gleichzeitig, das flache Land um Mannheim und Heidelberg zu verwüsten. Am 2. März wurde Heidelberg in Flammen gesetzt und das Schloss gesprengt. Erstaunlicherweise war trotz des eindeutigen Befehls des Königs vom 17. November 1688 in Mannheim noch kaum etwas geschehen, was auf eine gewisse Verwirrung innerhalb der französischen Kommandostruktur schließen lässt. Die Befehle aus Versailles waren zudem widersprüchlich, indem man nämlich einerseits die Festung Mannheim zerstören, sie andererseits aber gegen die heranrückenden Deutschen halten sollte. Wie üblich in solchen Lagen stritt man sich. Inzwischen hatten die kursächsischen und andere Reichstruppen das ganze Neckartal und den Odenwald besetzt.

Tessé hatte auf Drängen Louvois' hin nun auch begonnen, die Festung Mannheim zu schleifen, während er die Friedrichsburg als sein Hauptquartier nutzte. Er forderte dafür französische Einheiten aus der linksrheinischen Pfalz an, während er die Mannheimer aufforderte, sich linksrheinisch bis ins Elsass anzusiedeln. Diese Vertreibung musste mit Gewalt durchgesetzt werden. Ende Januar – der Rhein war zugefroren – waren insgesamt 500 Mann zur *démolition* Mannheims eingesetzt, die auf anderthalb Monate angesetzt war. Während Mélac sich befehlsgemäß aufmachte, Ladenburg zu zerstören, erschienen 3000 Mann bayerische Kavallerie vor Heidelberg, so dass Mélac sein Vorhaben abbrechen musste. Er setzte Heidelberg in den Verteidigungszustand und verbrannte die umliegenden Dörfer. Gedeckt war er von Louvois, der angeordnet hatte, die Vorräte und die Häuser 2 bis 3 Meilen (8 bis 12 km) um Heidelberg zu verbrennen. Und wieder musste er die bis jetzt ausgebliebene Zerstörung Mannheims anmahnen. Der denkwürdige Befehl Louvois' vom 20. Januar 1689 lautete, kein Stein solle auf dem anderen bleiben weder in der Stadt noch in der Zitadelle. Tessés entschuldigender Hinweis auf die Arbeitsunlust der zwangsrekrutierten Bauern aus den Nachbardörfern und der Bedrohung durch die an der Bergstraße stehenden deutschen Regimenter wurde vom Tisch gewischt und ihm befohlen, die Dörfer der widerspenstigen Bauern anzuzünden.

Doch bis man anfangen konnte, Mannheim dem Erdboden gleichzumachen, vergingen nochmals knapp zwei Monate. Als Ursache für die offensichtliche Konfusion auf französischer Seite und überhaupt die ganze Kriegführung seit Anfang November 1688 darf nicht übersehen werden, dass es sich wieder einmal um einen der strengen Winter der „Kleinen Eiszeit" in den Jahrzehnten um 1700 handelte. Wochenlang waren Rhein und Neckar zugefroren, es herrschten den ganzen Winter tiefste Temperaturen. Als Tauwetter Ende Februar 1689 einsetzte, begann es am Ober- und Mittellauf des Neckars mit Hochwasser, das dann nicht in den noch zugefrorenen Rhein abfließen konnte. So trat zwischen Heidelberg und Mannheim der Neckar über die Ufer – die gleiche Witterung, wie sie uns noch für die Jahrhundertüberschwemmung von 1784 genau beschrieben wird.

Nach der Niederbrennung Heidelbergs und der Sprengung des kurfürstlichen Residenzschlosses am 2. März 1689 konnten sich die noch in der Stadt verbliebenen Mannheimer leicht ausrechnen, dass nun die Reihe an ihnen war. Trotzdem hofften sie noch, dass es nur um die Schleifung der Wälle und Bastionen gehe. Aber bereits am Morgen des 3. März wurde der Magistrat auf Geheiß des Oberkommandierenden Montclar zum Intendanten La Grange geladen, um den Zerstörungsbefehl des Königs für die ganze Stadt entgegenzunehmen. Als Entgegenkommen wurde ihm bedeutet, dass die Bürger am besten selbst ihre jeweiligen *Häuser und Gebäu* abreißen sollten, *um Unordnung zu vermeiden*. In Zukunft dürfe *sich keine eintzige Seel daselbst mehr aufhalten*.

Doch die Bürger überantworteten ihr Hab und Gut der *Barmhertzigkeit deß Königs* und verhielten sich ruhig. Das konnte sich La Grange nicht gefallen lassen; er kommandierte am 4. März 300 Soldaten ab, um mit dem Abbruch der rund 900 Häuser zu beginnen. Dafür veranschlagte er 15 Tage. Gleichzeitig jedoch sollte das Beutegut wie Waffen und Munition, Getreide, Wein, Mehl, aber auch Privateigentum der Bürger wie Möbel und Papiere abtransportiert werden. Zusammen kamen am 5. März 750 Fuhrwerke, die nach Landau fuhren, zwei Schiffe voll nach Mainz und 17 nach Philippsburg. Drei Tage später folgten weitere 152 Wagen und später noch einmal 160. Verständlicherweise wuchsen in diesen Tagen Chaos und Verzweiflung in ungeahnte Höhen, zumal neben diesen offiziellen Beschlagnahmungen Soldaten und Offiziere auf eigene Rechnung plünderten und raubten, was nicht niet- und nagelfest war.

Die Einwohner sollten zwar ursprünglich ins linksrheinische Elsass vertrieben werden, flohen aber über den Neckar, um in der Nähe ihrer Stadt zu bleiben, was Montclar duldete, um möglichst schnell mit dem Einreißen und Abbrennen der Häuser beginnen zu können. Hauptsache, die Bürger waren aus dem Weg, damit sie keine Löschversuche unternehmen konnten. Eile war geboten, da einige hundert sächsische Dragoner zwischen der Bergstraße und Mannheim aufgetaucht waren und sich Schusswechsel mit den Franzosen lieferten. Vom militärischen Gesichtspunkt war die allgemeine Auflösung gefährlich und chaotisch; denn auch die Franzosen waren unzufrieden: *Es kommen fast täglich außgerissene Franzosen allhier an und desertieren hauffenweiß.* Am 9. März meldete Tessé, dass Mannheim zu einem Drittel zerstört sei, was allerdings Louvois immer noch zu wenig war. Eine gute Woche später hieß es, alle Wohnhäuser seien demoliert und sämtliche öffentlichen Gebäude vermint, um ganz zum Schluss gesprengt zu werden. Es waren die reformierte Kirche in der Stadt, erst 1685/86 als deutsche und wallonische Doppelkirche im späteren Quadrat R 2 fertig gestellt, außerdem die reformierte Kirche in der Zitadelle, die Eintrachtskirche, und das ehemalige Sommerschloss Karl Ludwigs und Wohnsitz der Raugräfin, die Stadttore, das Rathaus und die Kasernen in der Zitadelle. Selbst die Brunnen wurden mit Unrat gefüllt. Vollbracht hatten dieses Vernichtungswerk die abkommandierten französischen Soldaten, da sich die 1000 Dorfbewohner der Umgegend, die eigentlich dafür vorgesehen waren, verweigert hatten.

Am 25. März waren Festung und Stadt vollständig zerstört, die Schleifung der Wälle hingegen war nur teilweise erfolgt. Und wieder spielte das Wetter eine große Rolle: Tagelange extreme Regenfälle machten den Boden grundlos, steigendes Hochwasser riß die Schiffsbrücke über den Rhein dreimal los und trieb die Pontons rheinabwärts, die Hochwasserdämme bei Mundenheim und Neckarau brachen an mehreren Stellen, mit größter Mühe konnte der Rheinübergang bis zum Abzug der Franzosen gesichert werden. Dafür hatte man die Neckarschiffsbrücke abgefahren. Um die Neckarmündung zu sperren und seine Leute vor den Deutschen zu sichern, ließ Montclar unterhalb der Neckarmündung auf der linken Rheinseite Redouten (Schanzen) anlegen und mit Steinen beladene Kähne im Wasser versenken. Am 18. April 1689 begann der Abzug der Franzosen aus der völlig zerstörten Stadt. Am Abend dieses Tages war der letzte französische Soldat in Mundenheim angekommen.

# Eine neue Stadt entsteht (1690–1720)

Der Mannheimer Stadtrat mit Stadtschultheiß, Bürgermeister, Ratsschreiber und Rentmeister versammelte sich bereits am 17. Mai 1689 in Heidelberg und konstituierte sich. Fürs Erste war der Großteil der Mannheimer im halbzerstörten Heidelberg, in Weinheim und entfernteren Ortschaften untergekommen: in Heidelberg 75 Familien mit rund 300 Personen, ebenso viele in Weinheim. Anfangs mitleidig aufgenommen, wurden sie in den Nachbargemeinden bald als lästig empfunden. Kurfürst Philipp Wilhelm erließ deshalb am 23. Juni einen landesherrlichen Befehl an alle, die Mannheimer aufzunehmen und ihnen Erwerbsmöglichkeiten zu eröffnen. Auch befreite er die Mannheimer für ein Jahr von allen Abgaben. 200 hugenottische und wallonische Familien waren weitergezogen nach Halle, Magdeburg und Stendal. Damit war Karl Ludwigs „Experiment eines konfessionsumfassenden liberalen Mannheim" zusammengebrochen.

Die „Amsterdamer Gazette" beschreibt Mannheim noch am Ende der 1690er-Jahre folgendermaßen: *Man sieht nur noch Schutthaufen ... und was die Einwohner angeht, so trifft man nur einige wenige Männer, Frauen mit ihren Kindern, die aus einer Höhle hervorkommen und Wilden gleichen.* So negativ dieses letzte Zeugnis ist, verrät es doch, dass es auf dem Ruinenfeld Leben gab, das aber in jedem Jahr wieder von französischen Streifen aus Philippsburg bedroht wurde. Trotzdem herrschte unter den Mannheimern der Wille vor, die Stadt wieder aufzubauen. Bereits im Juli 1689 besichtigte eine pfälzische Regierungskommission die Ruinen und beschloss den Wiederaufbau. Am 20. Februar 1690 erneuerten Kurfürst Philipp Wilhelm und der Kurprinz Johann Wilhelm die Mannheimer Privilegien. Im gleichen Jahr wurden Gottesdienste in provisorischen Andachtsräumen gehalten, denen die Franzosen jedoch ein Ende bereiteten. Sie scheuchten mehr als 50 Personen aus ihren Kellern. Um diesen französischen Drangsalen zu entgehen, schickten die rückkehrwilligen Mannheimer eine Delegation nach Philippsburg mit der Bitte, ihnen die Ansiedlung rechts des Neckars auf *dem Sande unter Feudenheim* zu erlauben, was ihnen gegen eine Gebühr erlaubt wurde. Die pfälzische Regierung ließ zwei Gassen für dieses „Neu-Mannheim" abstecken. 1692/93 wurden die Überlegungen zum Wiederaufbau der Festung konkreter.

## „Neu-Mannheim"

Unterbrochen wurden all diese Maßnahmen durch eine Wiederkehr der Franzosen und die nunmehr völlige Zerstörung Heidelbergs am 22. Mai 1693. Dieser zweite Teil der Pfalzverwüstung war eine Reaktion auf die inzwischen völlig veränderte Kriegslage. Frankreich war in die Defensive geraten, nachdem Markgraf Ludwig Wilhelm von Baden (1655–1707), „der Türkenlouis", den Oberbefehl über die Reichstruppen am Oberrhein übernommen hatte. Er ergriff wirkungsvolle Maßnahmen, um die Franzosen über den Rhein zu drängen. Das südwestdeutsche Hinterland sicherte er durch die so genannten „Eppinger Linien" und plante, in Mannheim 3600 Mann zu stationieren. So weit kam es nicht, sondern nur zu weiterem Kleinkrieg. Noch im Jahr des Friedensschlusses von Rijswijk im Oktober 1697 verbrannten die Franzosen in Neu-Mannheim rund 50 Gehöfte und erpressten 450 Gulden von den Bewohnern.

Schon die Jahre zwischen der Zerstörung Mannheims (April 1689) und dem Frieden von Rijswijk (20. 09. und 30. 10. 1697) waren erfüllt von den hartnäckigen Versuchen derjenigen Mannheimer, die sich den Vertreibungs- und Umsiedlungsplänen der Franzosen entzogen hatten, sich in den Ruinen ihrer Stadt oder auf dem rechten Neckarufer wieder anzusiedeln – der Name „Neu-Mannheim" für diese Frühform der „Neckarstadt" spricht für sich! Wiederholte Strafexpeditionen französischer Truppen vernichteten die Neuansiedlungen. Aber auch der Kurfürst und die pfälzische Regierung gaben immer wieder ihrem Willen Ausdruck, Mannheim, und zwar als Festung, wiederzuerrichten. Am 27. September 1697, noch vor der Unterzeichnung des Rijswijker Friedensvertrages mit Kaiser und Reich, erließ der in Düsseldorf residierende Kurfürst Johann Wilhelm (1690–1716) eine Proklamation zum Wiederaufbau Mannheims und eine Aufforderung an alle Mannheimer, in ihre Stadt zurückzukehren. Man forderte sogar die nach Brandenburg abgewanderten Exulanten dazu auf, was diese jedoch mit dem Hinweis auf die Nähe Frankreichs ablehnten; auch hatten sie wohl keine Lust, sich aus der Obhut eines reformierten hohenzollerschen Kurfürsten unter die Herrschaft eines entschieden katholischen Landesherrn zu begeben. Auch diejenigen Flüchtlinge in der Umgebung, die sich in diesen Jahren in ihren neuen Wohnorten eingelebt hatten, zögerten.

JOHANN WILHELM hatte zwischen 1698 und 1700 seine Residenz von Düsseldorf in die Kurpfalz, und zwar nach Weinheim, verlegt und plante, in der Ebene vor Heidelberg ein großes barockes Residenzschloss zu errichten, anstatt die zerstörte alte Pfalzgrafenburg auf dem Jettenbühl wiederherzustellen. Den Wiederaufbau der alten Pfälzer Haupt- und Residenzstadt beschleunigte er: Auf den alten gotischen Straßenfluchten Heidelbergs ließ er die Bürgerhäuser in einem zurückhaltenden Barockstil bauen, der noch heute das Bild Alt-Heidelbergs prägt. Dort gehen die Neueindeckung der Heiliggeistkirche, Jesuitenkirche, Universität und Kollegiengebäude auf diesen energischen Kurfürsten zurück. Da sich die Heidelberger mit den großartigen Bauplänen für eine Residenz nicht anfreunden wollten, kehrte Johann Wilhelm fürs Erste nach Düsseldorf zurück.

Am 14. März 1698 ordnete der Kurfürst in einem feierlichen Erlass den Wiederaufbau Mannheims an und ernannte den Zollschreiber Jakob Gobin zum neuen Anwalt-Schultheißen der Stadt. Die in Hanau exilierte Mannheimer Stadtverwaltung bat um die Erneuerung der Privilegien von 1652, Sicherstellung der Rechte der protestantischen Konfessionen und Zusammenschluss von Festung und Stadt. Am 5. September

Stadtdirektor Jakob Friedrich
Gobin (1707–1791). Porträt
von J. J. de Lose (1789)

1698 befahl Johann Wilhelm den Neu-Mannheimern, bis zum
1. Mai 1699 in die alte Stadt überzusiedeln. Deren Wiederaufbau sollte nach den ursprünglichen Plänen erfolgen, und
bereits 1699 fand in seiner Anwesenheit die Grundsteinlegung
zur Zitadelle Friedrichsburg statt. Nach längeren Verhandlungen mit dem in Hanau befindlichen Mannheimer Exilmagistrat
ernannte er im April 1699 den neuen Stadtrat aus fünf Reformierten, fünf Katholiken und zwei Lutheranern. An die Spitze
der Stadt trat Johann Leonhard Lipp(e), der 1706 Stadtdirektor wurde und es bis zu seinem Tod 1737 blieb.

## Rathausbau

Wie ernst es dem Kurfürsten war, zeigt die sehr frühe Planung
für ein Rathaus und für die nun natürlich katholische Haupt-
kirche an der Südseite des Marktplatzes (G 1). Am 17. September 1700 wurde der Grundstein zu einem neuen Rathaus
gelegt, am 5. Oktober 1701 der zum Turm. Man hatte sich bald
für die Wiederaufnahme der Zweiflügelanlage mit einem gemeinsamen Mittelturm entschieden, wie sie bereits 1684 von

Johann Peter Wachter für die reformierte Doppelkirche in R 2 entwickelt worden war. Mehrere Pläne lagen vor. 1702 wurde der von Johann Georg Haggmiller gewählt: Der westliche Flügel wurde zur katholischen Pfarrkirche mit dem mittelalterlichen Patrozinium St. Sebastian, der östliche zum Rathaus, der Mittelturm mit seinem Geläute diente beiden Gebäudeteilen. In mehreren Schritten wurden die drei Bauteile aufgeführt. 1711 war alles benutzbar. Damit ist diese Doppelanlage am Marktplatz das älteste erhaltene Mannheimer Gebäude. Auf dessen ursprünglichen Zweck weist noch heute die Inschrift *Justitiae et Pietati* (der Gerechtigkeit und der Frömmigkeit) in den Abschlussfeldern der beiden Mittelrisalite hin.

## Quadrateschema

Der Wiederaufbau der Stadt war schwierig. Prinzipiell hatten die ehemaligen Eigentümer der Häuser und Grundstücke ihr Eigentumsrecht behalten, so dass sich die Aufforderungen zurückzukehren zuerst an sie richteten, wenn sie überhaupt noch auffindbar waren. Tatsächlich meldete sich nur ein Bruchteil der früheren Stadtbewohner zurück und nahm sein Eigentum in Besitz. Der größte Teil der Trümmergrundstücke lag noch einige Jahre lang öde, bis sie versteigert werden konnten. Hinzu kam, dass die Alteigentümer noch ein Einspruchsrecht hatten, was die Verfahren verzögerte. 1703 ließ die Regierung diese beschleunigen. Für die Stadt wurde die alte Quadrateeinteilung übernommen, so dass in dieser bis heute ein prägender Überrest des ersten Mannheims von 1607 vorhanden ist. Auch nahm Kurfürst Johann Wilhelm zwei holländische Festungsbaumeister in Dienst: General Menno van Coehorn und Ingenieur Johann W. Nottum. 1700 wurden die Arbeiten an den Festungswerken versteigert und für fünf Jahre je 900 000 fl Baukosten veranschlagt. 1703/04 wurde von Nottum die linksrheinische Rheinschanze errichtet. 1720 war die Stadtbefestigung in den Grundzügen fertig.

Nottum hatte 1709 dem Kurfürsten vorgeschlagen, die Friedrichsburg mit der Stadt zu einer einzigen Festung zu vereinigen. Johann Wilhelm war einverstanden. Nottum führte das Quadrateschema von der „Unter"stadt in das ehemalige Festungsareal, die neue „Ober"stadt, weiter. Beide Teile bildeten nun in vier Stadtvierteln ein Achsenkreuz (heute: Breite oder Kurpfalzstraße – Planken). Die Bauplätze in der Oberstadt wurden von der Regierung Ansiedlungswilligen unentgeltlich zur Verfügung gestellt. Die Häuser sollten, beginnend an den zentralen *Gassen, ganz gleichförmig* gebaut werden. Den Schlossbezirk am oberen Ende der Gesamtanlage und die späteren Quadrate O 1 und N 1 (Paradeplatz O 1 und Kaufhaus N 1) behielt der Kurfürst in seiner Hand. Bei der Grundstücksaufteilung der Quadrate in der neuen Oberstadt benutzte man lateinische Großbuchstaben, man begann katastermäßig von West nach Ost, verwendete aber auch eine einfache Durchzählung. Erst 1735 brachte der Geometer Baumgratz eine erste Ordnung in das System. Die heutige Zählweise wurde 1811 festgelegt, indem die Buchstaben A bis K für die Westseite und die Buchstaben L bis U für die Ostseite neu eingeführt wurden.

### Einwohnerschaft

Der Bau der Wohnhäuser und Werkstätten in der Stadt folgte der Rückkehr der früheren und dem Zuzug neuer Einwohner, er war häufig gestört durch den Spanischen Erbfolgekrieg, obwohl in diesem die Stadt glimpflich davonkam. Nach neuen Berechnungen hatte die Stadt 1719 rund 5000 Einwohner. Ihren internationalen Charakter wie unter Karl Ludwig vor 1689, als über zwei Drittel der Mannheimer französisch sprachen, hatte die Stadt nun verloren. Das französisch-wallonische Element machte nur noch ein Zehntel der Bevölkerung aus. Unter den Deutschen behielten die Reformierten bis in die 1730er-Jahre die relative Mehrheit vor den Katholiken, die durch die betont katholische Politik Johann Wilhelms und Karl Philipps bevorzugt zuwanderten. Es folgten Lutheraner, Juden und Mennoniten. Die Juden hatten ihren Anteil stark vergrößert. 1682 durften maximal 82 jüdische Familien in der

Stadt wohnen, Johann Wilhelm erweiterte diesen Rahmen 1699 auf 150 und Karl Philipp 1717 auf über 200 Familien. Immer noch gab es in der Stadt kein Ghetto. 1739 wurde zum ersten Mal nach Konfessionen gezählt. Danach stellten die Katholiken 33%, die Reformierten 30%, die Lutheraner 23%, die Juden 13% und die Mennoniten 1% der Bevölkerung. Die Katholiken fanden sich in der Oberschicht des Adels, Hofes und der Behörden und in der Unterschicht der Beisassen, Tagelöhner und Dienstboten; die Protestanten und darunter besonders die Reformierten bildeten wie überall in der Pfalz das wirtschaftlich führende Bürgertum (Handel und Gewerbe), dem in ihren Bereichen auch Juden (Viehhandel, Weinhandel, Geldverleih, Fernhandel und Importe) und Mennoniten (Landwirtschaft und Landhandel) angehörten.

## Stadttore und Kirchen

Die Errichtung der drei Stadttore, Rheintor, Neckartor und Heidelberger Tor, war Sache der Stadt. Das Rheintor wurde 1725–1728 vom Festungsbaumeister Friedrich von Fremelle errichtet. Paul Egell schuf als Bauplastik Trophäen (1746). 1741 wurde das Stadtgefängnis ins Rheintor verlegt. 1806 bis 1863 war es ein Wohn- und Waisenhaus, dann wurde es abgerissen. Das Neckartor wurde 1723 begonnen und bis 1726 fertig gestellt. Die Giebelspitze krönte eine Atlasfigur. Auch hier wurde Egell mit der Ausschmückung des Baus beauftragt. Von den drei Bauachsen des zweistöckigen Torgebäudes war nur die mittlere als Tordurchfahrt geöffnet. Auch dieses Tor überstand die Demolition der Festung; es musste erst 1842 im Zusammenhang mit der Errichtung der festen Neckarbrücke der Öffnung der unteren Breiten Straße weichen. Heute ist seine Lage zwischen U 1 und K 1 im Straßenpflaster markiert. Das 1806 demolierte Heidelberger Tor war 1722 begonnen worden. Es war eingeschossig und fügte sich völlig in die Wallanlage ein. Bis auf ein großes kurfürstliches, von zwei Löwen gehaltenes Wappen im äußeren Giebelfeld war es schmucklos. Auf dem Platz der 1689 zerstörten reformierten Doppelkirche (in R 2) wurde 1699 eine hölzerne Notkirche für alle drei Konfessionen errichtet. Am 17. Mai 1706 wurde auf diesem Platz der Grundstein für die reformierte Stadtkirche gelegt, wieder als Doppelkirche mit Mittelturm für die deutschen und französischen (wallonischen) Reformierten. Der deutsche Teil konnte 1717 eingeweiht werden, der wallonische erst 1739. Seit 1725 baute man am Turm, der drei Geschosse hatte und bis 1895 durch ein einfaches flaches Zeltdach gedeckt war. Die südliche, ehemals deutsche Kirchenhälfte und die drei Untergeschosse des Turmes sind noch original. 1706 wurde auch der Grundstein zur lutherischen Trinitatiskirche im späteren Quadrat G 4 gelegt. Bereits 1709 erfolgte ihre Einweihung. Die äußerlich sehr schmucklose Kirche fügte sich ganz in die Bauflucht des Quadrates ein. Straßenseitig stand der gedrungene Turm mit einer charakterischen welschen Dreifachhaube. Diese Trinitatiskirche wurde im Zweiten Weltkrieg völlig zerstört und 1956–1959 von dem Architekten Helmut Striffler in neuer Form wieder errichtet.

Der Spanische Erbfolgekrieg (1701–1714), in dem wieder Frankreich (mit Kurköln und Kurbayern) gegen eine große Allianz unter dem Kaiser stand, brachte neue Belastungen durch Truppendurchzüge und Kontributionen. Franzosen und Bayern vereinigten sich in Süddeutschland gegen die im Südosten unter dem Prinzen Eugen stehenden Kaiserlichen. Im Juni 1704 marschierten englische und holländische Truppen unter dem Herzog von Marlborough von Mainz kommend durch die rechtsrheinische Pfalz über Ladenburg, Wiesloch und Heilbronn an die Donau bei Ulm. Die Lande des Bundesgenossen Johann Wilhelm wurden geschont. Bei Höchstädt und Blindheim (engl. *Blenheim*) errangen Prinz Eugen und der Herzog von Marlborough einen entscheidenden Sieg über die Franzosen. Im Januar 1707 starb Ludwig Wilhelm von Baden, der „Türkenlouis" und Oberbefehlshaber der Reichstruppen. Das nutzten die Franzosen, um unter Marschall Villars die Stolnhofener Linien zu durchbrechen. Sie besetzten den Kraichgau und im Sommer 1707 den Bruhrain und das Heidelberger Schloss. Von Norden schob sich die Reichsarmee zwischen die Franzosen und den Rhein.

## Erneute Besetzung Mannheims

Von Mannheim aus ging die Reichsarmee über den Rhein, drang nach Süden vor und zwang die Franzosen zum Rückzug. 1711/12 stand sie unter Prinz Eugen südlich von Mannheim. Nach dem Frieden von Utrecht 1713, den die Seemächte Holland und England mit Frankreich abschlossen, befanden sich nur noch Kaiser und Reich im Krieg mit Frankreich. Das führte wieder die Franzosen unter Villars an den Rhein. Die Mannheimer Rheinschanze wurde elf Tage lang belagert (im Juli 1714) und dann eingenommen. Doch da war schon der Friede von Rastatt zwischen dem Kaiser und Frankreich abgeschlossen (7. 03. 1714), dem am 7. September 1714 der Friede von Baden in der Schweiz zwischen dem Reich und Frankreich folgte.

> Während sich in der Pfalz die Verwüstungen in Grenzen hielten, waren die Kontributionen umso höher: Allein die Zent Kirchheim musste in den Jahren 1702 bis 1705 131.652 fl *Kriegs Costen … mit Durchmärschen, Still Lager in Quartirungen, Contributionen* aufbringen. In Neckarau waren es in diesen fünf Jahren insgesamt 78% aller Einnahmen.

Mitten im Krieg, am 24. Januar 1707, hatte sich zum hundertsten Mal die Verleihung der Stadtrechte an Mannheim gejährt. Stadt und Landesherr wollten dieses Jubiläum trotz des düsteren Hintergrundes feiern. Feierliche Gottesdienste erfüllten den Vormittag dieses Gedenktages. Am Nachmittag marschierten die Bürgerwehr und die Zünfte auf. Dem Stadtvolk wurden Wein und Brot gespendet. Zugleich wurden Gedenkmünzen unters Volk geworfen. Zum Abschluss schossen die Kanonen Salut. Vom neuen, gerade fertig gewordenen Rathausturm wurde ein Feuerwerk abgebrannt, während die Häuser illuminiert waren. Ein Schützenfest und ein Jahrmarkt folgten: Auch ein Signal zähen Überlebenswillens!

# Die Religionspolitik der Kurfürsten Johann Wilhelm und Karl Philipp

Um die weitere Entwicklung Mannheims und seinen Aufstieg zur kurpfälzischen Haupt- und Residenzstadt zu verstehen, müssen wir einen Blick auf die Religionspolitik dieser beiden Pfalz-Neuburger Kurfürsten werfen. Diese ist durchaus im Kontext und als Funktion der großen äußeren Politik zu sehen. So wurde der Pfälzische Erbfolgekrieg (1689–1697) von beiden Seiten auch unter konfessionellen Vorzeichen als Religionskrieg geführt. Ludwig XIV. unterstützte den Versuch Jakobs II. von England und Schottland (1685–1688), auch dort wieder die katholische Religion einzuführen. Jakobs Pläne wurden durch die Glorreiche Revolution verhindert. Auch die französische Reunionspolitik links des Rheins hatte einen konfessionellen Charakter, indem in allen „reunierten" Städten und Gemeinden die Kirchen den Katholiken zugesprochen und die Bevölkerung rekatholisiert wurde. So kam z. B. auch das Straßburger Münster nach 1681 wieder in katholischen Besitz. In der Pfalz betraf das die „Souveränitätslande", die unter französischer Herrschaft waren, in Sonderheit das Oberamt Germersheim. In Mannheims engerer Nachbarschaft fielen die Ladenburger St. Gallus- und die Weinheimer St. Peterskirche darunter.

In diesen Zusammenhang gehört die so genannte Rijswijker Klausel (ein Zusatz zum Friedensvertrag), die einen Sondervertrag zwischen Frankreich und Kurpfalz darstellte. Diese hatte zum Inhalt, dass die durch die französische Besetzung geschaffenen Religionsverhältnisse bestehen bleiben sollten. Unter dieser Bedingung würde sich Frankreich auch aus den Souveränitätslanden zurückziehen. Dieses Zugeständnis Frankreichs war für Johann Wilhelm viel wert, zumal ihm als Katholiken die Restituierung der reformierten Kirchen kaum ein Herzensanliegen war: Also kehrte u. a. das Amt Germers-

Kurfürst Karl III. Philipp
(1661/1716–1742) um
1720, Zeichnung von
I. M. Diehl, gestochen
von C. H. Müller

heim unter die pfälzische Hoheit zurück, blieb aber katholisch. Die erste Umsetzung der Rijswijker Klausel erfolgte umgehend: 1698 erließ Johann Wilhelm das „Simultaneum" (gleichzeitige Nutzung einer Kirche durch verschiedene Konfessionen), das in der Regel alle reformierten Kirchen den örtlichen Minderheiten der Katholiken und/oder der Lutheraner öffnen sollte. Ebenso sollten die örtlichen, bisher reformierten Almosenkassen auch für Lutheraner und Katholiken zugänglich werden. Das betraf ebenso die Gelder der Geistlichen Administration, in welche die Erträge des lokalen Kirchenvermögens flossen. Diese waren seit der Pfälzer Reformation 1556/60 in der Hand der Reformierten. Strittig wurde damit auch sofort der so genannte Hallische Rezess, der 1685 in Schwäbisch Hall zwischen dem todkranken reformierten Kurfürsten Karl und seinem katholischen Nachfolger Philipp

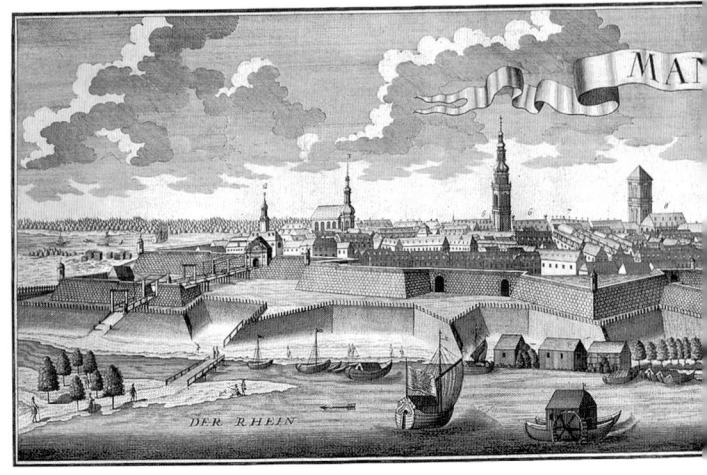

Mannheim von der linken Rheinseite mit der Schiffsbrücke, dem Mittelteil
des Schlosses und den drei Hauptkirchen noch ohne die Jesuitenkirche

Wilhelm verhandelt, aber wegen des Todes von Karl nicht
mehr ratifiziert werden konnte. Danach sollte der Besitzstand
der Reformierten zwar gewahrt, aber auch den Katholiken
öffentliche Religionsausübung gestattet werden, ein typischer
Gummiparagraph, der Streit hervorrief. Der gegenreforma-
torisch-barocke Katholizismus hatte eine große Bandbreite
öffentlicher Auftritte: vom Bauprogramm der Kirchen über
Bildstöcke, Wegkreuze und Heiligenbilder an den Häusern bis
zu Wallfahrten, Prozessionen und den vielen Heiligen- und
Marienfesten. All das betrachteten die Reformierten als Göt-
zendienst. Schon die Einführung des neuen (katholischen)
Gregorianischen Kalenders in der Pfalz führte zu Streit, obwohl dadurch die Feier der christlichen Hauptfeste an ein und
demselben Tag ermöglicht wurde.

War Philipp Wilhelm in der Konfessionsfrage zurückhal-
tend, verstanden sich seine beiden Söhne Johann Wilhelm und
Karl Philipp als streng katholisch. Beide Kurfürsten interpre-
tierten die Verträge in ihrem Sinn, zumal ihnen der Zugriff auf

68

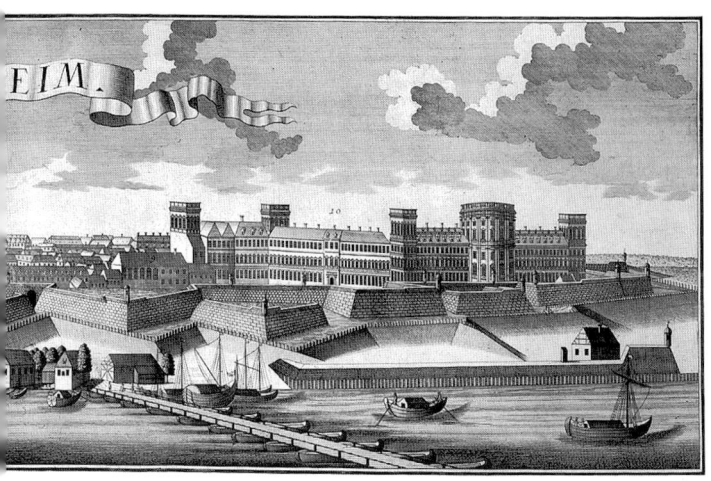

in der Anfangszeit von Karl Theodor vor 1755, Kupferstich und Radierung von Johann Friedrich Probst und Jeremias Wolff Erben, vor 1755

den Kirchenrat in Heidelberg und seine Finanzen verwehrt blieb. Dieser entwickelte sich geradezu zu einer reformierten Nebenregierung. So nahm der Kirchenrat nach der Einführung des Simultaneums Kontakt zu der führenden protestantischen Macht in Deutschland auf, dem Kurfürsten von Brandenburg. Friedrich III. hatte gegenüber der Pfalz in den niederrheinischen Besitzungen der Herzogtümer Kleve-Jülich-Berg, die zwischen Pfalz-Neuburg (Jülich und Berg) und Brandenburg (Kleve) geteilt waren, ein Druckmittel in der Hand. Auch dort gab es eine konfessionell gemischte Bevölkerung, so dass Brandenburg mit Gegenmaßnahmen gegenüber seinen Katholiken drohen konnte. Der Kaiser hatte an einem Konfessionsstreit im Reich ebenfalls kein Interesse. So musste Johann Wilhelm während des Spanischen Erbfolgekrieges 1705 das Simultaneum zurücknehmen zugunsten einer Kirchenteilung zwischen Reformierten und Katholiken im Verhältnis $5/7$ zu $2/7$: Das Kirchenvermögen und die kirchlichen Gebäude wurden jeweils in eine Gruppe von 7 Teilen zusammengefasst und

69

diese proportional zwischen 1, 3, 5, 6, 7 (ref.) und 2, 4 (kath.) geteilt. Ein bemerkenswertes Abkommen in dieser erhitzten Atmosphäre, das durch eine gemischte Kommission erstaunlich gut durchgeführt wurde und zum ersten Mal ein Zusammenleben in den konfessionell gemischten Gemeinden regelte. Andererseits blieb es bei der Förderung katholischer Zuwanderung durch die Kurfürsten und die bevorzugte Besetzung der öffentlichen Ämter durch Katholiken. Dies führte zur Herausbildung eines neuen, katholischen Hofadels, zumal der ältere, in der Regel lutherische pfälzische Adel großenteils ausgestorben war oder anderswo Dienst genommen hatte.

Das neue, dritte Mannheim wurde für die Pfalz-Neuburger Kurfürsten zwischen 1709 und 1720 zum Ansatzpunkt, ihre katholisch-absolutistische Herrschaft darzustellen. Johann Wilhelm hatte dies in seiner niederrheinischen Residenz Düsseldorf schon vorgemacht in seiner Musikpflege und dem leidenschaftlichen Sammeln von Kunst, vor allem niederländischer. Als es ihm nach dem Sieg bei Höchstädt gelang, in Umkehrung der Ereignisse von 1623 ff. die alte pfälzische Kurwürde vom geächteten bayerischen Kurfürsten zurückzuerhalten, was allerdings im Frieden von 1714 nicht bewahrt werden konnte, träumte er auch den alten wittelsbachischen Traum von einer Königskrone. Darin waren im Reich schon seine Mitkurfürsten von Sachsen (Polen), Brandenburg (Preußen) und Hannover (England) vorausgegangen. Ausdruck dieses Traumes war ein Palast von königlichem Ausmaß, den Johann Wilhelm ursprünglich in die Ebene vor Heidelberg setzen wollte.

1716 trat sein Bruder Karl Philipp die Nachfolge an, bis dahin kaiserlicher Heerführer, polnischer Thronprätendent und Statthalter der österreichischen Vorlande in Innsbruck. Mit seiner Übersiedlung in die Pfalz ließ er sich zwei Jahre Zeit, zumal das halb zerstörte Heidelberger Schloss altmodisch und unbequem war. Die Düsseldorfer rechneten fest damit, dass auch Karl Philipp in ihrer Stadt residieren würde. Doch das wollte Karl Philipp nicht; er kannte sehr gut den Vorrang der Kurpfalz und Heidelbergs in seinem verschiedenartigen Länderkomplex. Die Residenzfrage war für ihn ein zentrales Problem, das er nicht zufällig zuerst in der Kirchenfrage anging. Selbstverständlich war für ihn, dass das alte Stift zum Heiligen Geist in Heidelberg als Grablege seiner Vorgänger wieder – und jetzt natürlich katholische – Hofkirche werden sollte. Er bot den Reformierten einen Neubau an, wenn sie auf die seit 1706 geteilte Heilig-Geist-Kirche verzichteten. Als diese das nicht taten, ließ er die Kirche einfach besetzen. Noch einmal eskalierte der Konfessionshader in der Pfalz. Die Reformierten riefen ihre Schutzmächte an, was das absolutistische Selbstgefühl Karl Philipps tief kränkte. Ein zweiter Punkt in diesem Streit war der Heidelberger Katechismus von 1563, der die katholische Messe als *Teufelswerk und vermaledeiye Abgötterey* denunzierte – und das mit dem Druckprivileg eines streng katholischen Kurfürsten! Der Streit, der bis in den Reichstag führte, zerrüttete das Verhältnis zwischen Karl Philipp und den Reformierten völlig. Diese hofften sogar, dass Preußen seine Kriegsdrohung wahr machte, und forderten die Aufhebung aller Verträge seit dem Westfälischen Frieden.

# Mannheim: Pfälzische Residenz und Hauptstadt (1720–1778)

Karl Philipp handelte nun schnell: Er gab die Kirche zurück, hob das kurfürstliche Druckprivileg für den Heidelberger Katechismus auf, behinderte dadurch aber nicht seine weitere Verbreitung und verlegte am 12. April 1720 seine Residenz nach Mannheim. Dort musste er jahrelang in einem Provisorium hausen, im Palais des kaiserlichen Hoffaktors Oppenheimer am Mannheimer Marktplatz und sommers im Schloss Schwetzingen. Die Regierung, das oberste Hofgericht und die Zentralbehörden mieteten sich überall in der Stadt ein. Ein Schlossbau auf dem Gelände der ehemaligen Friedrichsburg war zwar schon seit 1709 vorgesehen, aber noch nicht in Angriff genommen. Die ersten Pläne für das kurfürstliche Residenzschloss und die gesamte Staatsverwaltung stammten von Louis Remi de la Fosse und Clemens Froimont, der auch die Bauleitung hatte. 1726 löste Guillaume d'Hauberat Froimont ab. Ab 1740 übernahm dieses undankbare, vom Bauherrn ständig überwachte Amt dann Gallo da Bibiena, wie seine französischen Vorgänger ein europaweit bekannter Architekt. Bibiena hatte Karl Philipp schon in Innsbruck gedient. Dabei geht wohl die erstaunlich einheitliche und geschlossene Konzeption der gewaltigen Baumassen der Schlossanlage auf Karl Philipp zurück, der in seiner langen Regierungszeit bis 1742 die Fertigstellung des Mittelteils mit dem Ehrenhof, dem Ballhaus und dem Opernhaus noch erlebte. Nach seinem Tod griff Kurfürst Karl Theodor den Bau wieder auf und ergänzte den östlichen Bibliotheksflügel. Dessen Baumeister war Nicolas de Pigage. 1760 war das ganze Schloss fertig, eine der größten Anlagen in Europa mit 440 m beziehungsweise unter Einbeziehung von Jesuitenkolleg, großer Hofkirche und Gymnasium über 800 m Stadtfront.

Über zehn Jahre hatte der standesstolze und prachtliebende Kurfürst Karl Philipp Provisorien bewohnt, bis er 1731 den fertigen Mittelteil des Schlosses, der die kurfürstlichen Gemächer und die Prunkräume umfasste, beziehen konnte. Das Schloss diente in der Folgezeit nicht nur als Wohnung und Residenz des Kurfürsten, sondern war auch Regierungs- und Behördensitz wie Geheime Kanzlei, Hofkammer, Ober- hofgericht, Akademie der Wissenschaften und Zentrum von Kunst, Kultur und Wissenschaftspflege. Über 1000 Personen waren ständig im Schloss anwesend und beschäftigt. 1731 erfolgte auch die Grundsteinlegung des Jesuitenkollegs mit der großen Jesuitenkirche, die als Hofkirche in baulichem Zusam- menhang mit dem Westflügel des Schlosses konzipiert war. Diese bedeutendste Barockkirche am Oberrhein wurde 1760 konsekriert. Damit war in diesem Jahr „eines der vollständig- sten (barocken) Residenzprogramme" (BRAUNFELS) im Heili- gen Römischen Reich verwirklicht worden, welches auch das Selbstverständnis der Kurpfalz und ihre Ansprüche sichtbar machte. Das verbreiteten außerdem die vielen Stadtansichten, die fast immer von der linken Rheinseite aufgenommen wur- den und das Schloss mit der Jesuitenkirche als Stadtkrone zeigen.

### Das Mannheimer Schloss – einige Zahlen

Bauherren: Karl Philipp (Corps de Logis, Ehrenhof, Opernhaus, Schlosskirche); Karl Theodor (Seitenflügel, Bibilothekssaal, Nebengebäude, Ballhaus)
Markante Bauteile: 10 Pavillons bzw. Türme mit Balustraden- abschluss, Bauzeit: 1720–1760
Baukosten: Geplant 600 000 fl, Endsumme 2 300 000 fl
Länge der Stadtfront: 440 bzw. 800 m
Tiefe der Hauptachse durch den Ehrenhof: 200 m
Überbaute Fläche: 60 000 qm
Zahl der Räume: 600
Zahl der Fenster: 1500
Räumlichkeiten: Rittersaal und Treppenhaus (1736), Kaiserli- ches Quartier, Wohnung des Kurfürsten, Wohnung der Kurfürs- tin, Quartier der Königin von Schweden, Quartier des Prinzen Karl und Suite der Großherzogin Stéphanie von Baden (nach 1810), Quartier für fremde Herrschaften, Audienzräume, Male-

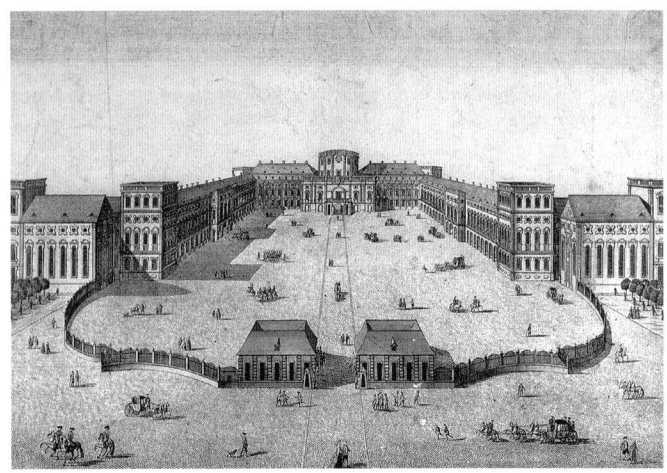

Schloss Mannheim, Ehrenhof mit Wachhäusern nach der Fertigstellung 1760, kolorierter Kupferstich 1775, Guckkastenblatt aus dem Verlag von Georg Balthasar Probst, Augsburg

reikabinett, Galeriebau, Französischer Komödiensaal, Opernhaus 72 × 23 m, davon Bühne mit einer Tiefe von 32 m Ball-(spiel)haus, Bibliothek mit Lesesaal, Sammlungsräume für Antiken, Graphiken, Naturkunde etc., Archivgewölbe, Küchen- und Wirtschaftsflügel, Schneckenhof mit Innenhof, Marstall mit Reitschule, „Kosakenställe", Remisen, Wohnungen von Staatsdienern und Bediensteten u. a.

Baumeister und Künstler: Brüder Asam, Egell, Verschaffelt, Brinckmann, Pellegrini, Pigage, Bibiena, Quaglio, van der Schlichten, Sigismund Zeller u. v. a.

Abbruch bzw. Zerstörung von Gebäudeteilen: 1795 Teile des Westflügels, Opernhaus und Ballhaus, 1895 ff. im Zuge des späteren Durchbruchs der Bismarckstraße Kosakenställe, Remisen, der Verbindungsflügel zum Jesuitenkolleg und der Jesuitenkirche; September 1943 durch Bombenangriffe Brand des gesamten Schlosses mit weitgehender Zerstörung aller Räume; 1955 Beseitigung der erhaltenen Schlosswachhäuser des Gerichtsgefängnisses und des barocken Gitters. In den 1960er-Jahren Beseitigung des Schlossgartens oder Friedrichsparks zugunsten der Brückenrampen, des Eisstadions und der Mensa.

Schloss Mannheim um 2000

Wiederaufbau als Sitz von Gerichten, Ämtern und Wirtschaftshochschule bzw. Universität nach 1948: Staatliches Hochbau-
amt unter Throm, Maler Vocke und Bildhauer Dursy. Inzwischen
(2003/05) Restaurierung des originalen Dachaufbaus und des
Anstrichs.

Mannheim war auch in der Stadtanlage unübersehbar eine
(katholische) Fürstenresidenz. Mit dem Emporwachsen des
Schlosses wurden gleichzeitig die Grundstücke der Oberstadt,
die mit Bauauflagen kostenlos abgegeben wurden, bebaut. Um
das Residenzschloss lagen in der Oberstadt eine Anzahl von
Klöstern und Klosterkirchen – Karmelitenkloster (L 4), Non-
nenkloster (L 1), Kapuzinerkloster (N 5), Garnisonskirche
(C 5), Sodalitätskirche (A 3) –, das Bürgerhospital mit Kirche
(E 6) und an die 50 Adelspalais, an deren Spitze das „Palais
Bretzenheim" für die vier unehelichen Kinder Kurfürst Karl
Theodors mit der Tänzerin Josepha Seiffert. (1772 hatte Karl
Theodor die Herrschaft Bretzenheim erworben und 1774
waren die Kinder zu reichsunmittelbaren Grafen Bretzenheim
erhoben worden.) Auch diese vornehmen Häuser zeigten den

katholischen Glauben ihrer Besitzer durch Heiligenfiguren in Bildnischen an den Ecken oder über der Haustür. Die Pfarrkirche der katholischen Kleinbürger, Handwerker und Tagelöhner blieb die Sebastianskirche am Marktplatz. Die reformierte Konkordienkirche und die lutherische Trinitatiskirche lagen ebenfalls in der Unterstadt. Eine Synagoge gab es schon seit 1705 (in F 2, 13), die Lemle-Moses-Klaus-Stiftung 1706–1708.

Weltliche Monumentalbauten waren zuerst das Kaufhaus (N 1), der jüngste und schönste der drei typischen Mannheimer Zweiflügelbauten mit einem Mittelturm. Bereits 1724 von Karl Philipp als Kernzelle des Mannheimer Überlandhandels gedacht, sollte das Gebäude ein Kauf- und Lagerhaus werden. Da Stadt und Hof immer wieder über die Kosten in Streit gerieten, wurde das Haus erst 1741 fertig. Der Turm wurde dann unter Karl Theodor 1745/46 errichtet. Den Platz vor dem Kaufhaus hielt man als Place d'armes (Paradeplatz) frei, der als Zentrum der Stadt durch ein Monument geschmückt werden sollte. Dafür ausersehen wurde die „Pyramide" von

Der Paradeplatz zu Mannheim mit Grupellobrunnen in der Mitte und dem Kaufhaus mit Turm als hintere Platzwand 1785, koloriertes Guckkastenblatt von Johann Balthasar Probst

Gabriel Grupello, die dieser um 1711 zusammen mit dem Reiterstandbild Johann Wilhelms als Schmuck für die Residenz Düsseldorf geschaffen hatte. 1738 brachte man sie nach Mannheim.

Da sich der Handelsplatz Mannheim gegen die ältere Konkurrenz Frankfurts nur zögerlich entwickelte, wurden in das Kaufhaus die Zentralregierung, die Mannheimer Rent, das Oberappellationsgericht und der Kurpfälzische Kriegsrat gelegt. In der westlichen Oberstadt befanden sich umfangreiche Kasernenbauten für die Mannheimer Garnison (C 5 und C 6), die immerhin an die 5000 Mann umfasste. Im Quadrat C 5 wurde 1777–1779 als letzter Monumentalbau der Kurfürstenzeit das Zeughaus (seit 1951 befindet sich darin das Reiss-Museum) erbaut, in F 6 1756 eine Bildhauerakademie und 1769 die Zeichnungsakademie (= Kunsthochschule) mit dem berühmten Antikensaal errichtet. 1776/77 baute Lorenzo Quaglio das Schütthaus (Arsenal) in B 3 zum deutschen Schauspiel um.

Wirtschaftlich und gesellschaftlich war die Stadt ganz auf den Hof, die große Garnison und die Regierungsbehörden bezogen. Ihre Einwohnerzahl stieg stark an: 1719: 5000 mit Garnison; 1739: 8000, davon 2500 Garnison und Hof; 1766: 16 355 (mit Garnison und Hof 24 190); 1777: 14 161 (mit Garnison und Hof 25 353); 1784: 21 858 (mit Garnison). Damit gehörte Mannheim noch vor Stuttgart (17 628), Heidelberg (10 195) und Karlsruhe (3858) zu den größten Städten Süddeutschlands. Im weiteren Umkreis hatten Straßburg 50 000, Frankfurt 45 000, München 37 840 und Mainz 32 000 Einwohner. Im damaligen Deutschen Reich stand es der Einwohnerzahl nach an 11. Stelle.

Gewerbe und Handel waren nicht sehr entwickelt. Trotz des Kaufhauses (N 1) wurde erst 1784 ein Fruchtmarkt für den Getreidehandel eingerichtet. Rund 1000 Personen waren bei 196 handwerklichen Manufakturen (Ölmühle, Branntweinbrennereien, Tabakfabriken, Krappmühlen, Färbereien) beschäftigt. Die staatliche Wirtschaftspolitik war merkantilistisch auf Manufakturen (Porzellan in Frankenthal) und auf Luxusgüter (Seide) für den Bedarf des Hofes und des Adels ausgerichtet. Eine überregionale Rolle spielten die jüdischen Hoffaktoren und Bankiers Oppenheimer, Hohenemser und Ladenburg. 1785 eröffneten W. H. Ladenburg und 1792 H. L. Hohenemser ihre Bankhäuser, so dass Mannheim zu einem zentralen Bankenplatz wurde und dies bis ins 20. Jahrhundert blieb. Überhaupt waren die relativ vielen Juden in der Stadt ohne Ghetto von großer Bedeutung für die wirtschaftliche Basis der Stadt. Sie sollten nach der höfischen Zeit den Aufschwung der Stadt mit ermöglichen.

### Die kurpfälzische Außenpolitik im 18. Jahrhundert

Unter den Kurfürsten Karl Philipp (1661/1716–1742) und Karl Theodor (1724/1743–1799) erlebte die Stadt über sieben Jahrzehnte eine ruhige und ungestörte Entwicklung, die einer im ganzen vorsichtigen, auf Neutralität bedachten Außenpolitik beider Kurfürsten zu verdanken war. Die Pfalz war nicht mehr Kriegsschauplatz; es kam nicht mehr zu Besatzungen, Verwüstungen und Kontributionen wie im Jahrhundert zuvor. Karl Philipp war dabei der entschieden politischere Kopf und stärkere Charakter, der die Lehren aus der letztlich vergeblichen absoluten Kaisertreue Johann Wilhelms zog: Er erstrebte den Abbau der Spannungen mit Frankreich und steuerte einen strikten Neutralitätskurs. Sein wichtigstes außenpolitisches Ziel war jedoch der Ausgleich mit Bayern, die so genannte Wittelsbachische Hausunion. Diese gelang ihm grundlegend 1724. Hier wurde festgelegt, dass sich die beiden Wittelsbacher Linien, die pfälzische und die bayerische, gegenseitig als Erben einsetzten, wenn eine der beiden Linien aussterben sollte. Diese Hausunion wurde als Hauptkonstante pfälzischer Politik mehrmals erneuert, 1728 trat das Herzogtum Pfalz-Zweibrücken bei. Im selben Jahr Schloss Karl Philipp mit Frankreich den Neutralitätsvertrag von Marly, in dem Frankreich Karl Philipp und seinem Haus die niederrheinischen Herzogtümer Jülich und Berg garantierte, auf die mit Unterstützung des Kaisers Brandenburg-Preußen Ansprüche erhob. Im Gegenzug verweigerte Karl Philipp zusammen mit den anderen

Kurfürst Karl IV. Theodor
(1724/43–1799), Gemälde von
Anna Dorothea Therbusch

Wittelsbacher Kurfürsten (Kurbayern, Kurköln und Kurtrier bzw. Kurmainz) dem Kaiser die Anerkennung der Pragmatischen Sanktion. Damit war das Verhältnis zu Habsburg für lange Zeit eingetrübt.

Im Polnischen Erbfolgekrieg (1733–35) löste Karl Philipp seine Neutralität gegenüber Frankreich ein, als er 1734 die Franzosen ungehindert bei Neckarau den Rhein überschreiten ließ. Im Österreichischen Erbfolgekrieg (1740–48) setzte er 1740/41 zusammen mit Preußen die Wahl des bayerischen Kurfürsten Karl Albrecht zum Kaiser durch. Damit im Zusammenhang steht Mitte Januar 1742 das größte Hoffest, welches das in seinem Mittelteil gerade fertig gestellte Mannheimer Schloss je gesehen hat, nämlich die Wittelsbachische Doppelhochzeit des Kurprinzen Karl Theodor von Pfalz-Sulzbach mit der ältesten Enkelin Karl Philipps, Elisabeth Augusta, und des Herzogs Clemens von Bayern mit dessen zweiter Enkelin Maria Anna. Die jüngste Enkelin Karl Philipps, Maria Franziska Dorothea, wurde mit Pfalzgraf Friedrich Michael von Pfalz-Zweibrücken verlobt. Die Trauung nahm Erzbischof und Kurfürst Clemens August von Köln vor. Anwesend waren der bayerische Kurfürst Karl Albrecht mit seiner Familie, der auf dem Weg zur Kaiserwahl und -krönung nach Frankfurt war, und viele andere Fürsten und Adlige.

Karl Theodor aus dem Haus Pfalz-Sulzbach trat an Neujahr 1743 die Nachfolge Karl Philipps in allen pfalz-neuburgischen Landen an. In den Wirren des Österreichischen Erbfolgekrieges wurden Mannheim und die Pfalz im Herbst 1745 von den Österreichern besetzt, in Heidelberg hielten sich Herzog Franz I. Stephan von Lothringen und seine Frau Maria Theresia auf. Franz Stefan wurde am 13. September 1745 zum Kaiser gewählt und regierte als Franz I. bis 1765. Karl VII. Albrecht war bereits im Januar 1745 gestorben, womit der Kriegsgrund für die Wittelsbacher entfallen war. Sie besannen sich wieder auf ihre Neutralitätspolitik, die für Karl Theodor durch den österreichisch-französischen Ausgleich von 1756 erleichtert wurde.

An Silvester 1777 starb Kurfürst Max III. von Bayern kinderlos, so dass nach den Bestimmungen der Hausunion Bayern an die Pfalz fiel. Karl Theodor brach sofort nach München auf, um dort seine Herrschaft anzutreten. Für Mannheim bedeutete dies auf die Dauer den Verlust der Residenz und des höfischen Glanzes. Karl Theodor bedauerte das sehr, wie sein überlieferter Auspruch: *Nun sind meine schönen Tage zu Ende!* wohl ahnen lässt. Die Regierungsbehörden jedoch blieben in der pfälzischen Hauptstadt bis zur Auflösung der Kurpfalz durch den Reichsdeputationshauptschluss 1803.

### Mannheim – eine europäische Kulturhauptstadt

Mannheim erlebte in der Zeit Karl Theodors ein Goldenes Zeitalter. Die pfälzische Residenz erblühte in der Mitte des 18. Jahrhunderts zu einem europäischen Zentrum von Kunst und Kultur. Dessen Fundamente hatten schon die beiden Neuburger Kurfürsten Johann Wilhelm in Düsseldorf und Karl Philipp in Innsbruck gelegt. Beide besaßen einen exzellenten Kunstgeschmack und waren darin auf dem Höhepunkt ihrer Zeit.

Die Residenzstadt Mannheim aus der Vogelschau 1758,
Kupferstich von Josef Anton Baertels

**Musik, Kunst und Theater:** Johann Wilhelm begeisterte
sich für die niederländische Malerei und sammelte für seine
Düsseldorfer Residenz Rembrandt und Rubens. Gleichgewich-
tig daneben stand seine Musikliebe. Hier konnte er an die
Musikpflege seines Großvaters Wolfgang Wilhelm und seines
Vaters Philipp Wilhelm anknüpfen. Über 70 Jahre stand schon
das Musikleben am Düsseldorfer Hof in Blüte, als 1674–1677
der spätere Kurfürst Johann Wilhelm auf seiner Bildungsreise
durch Europa die großen Orchester in London, Paris, Wien,
Florenz und Rom kennen lernte, an denen er seinen musikalischen Geschmack schulte. Auch spielte er selbst Streich-

instrumente, vor allem Cello. Nach 1690 bricht in Düsseldorf eine musikalische Blütezeit an. Der von keinem Geringeren als Händel gelobte Musikgeschmack Johann Wilhelms wurde noch bestärkt durch dessen zweite Gemahlin (Heirat 1691), Maria Anna von Medici, eine große und reiche Mäzenin, die berühmte italienische Musiker mitbrachte. Zu nennen sind hier besonders Arcangelo Corelli, Carlo Luigi Pietro Grua Vater und Sohn, und Agostino Stefani. Die Hofkapelle erreichte eine Stärke von 60 Musikern. Johann Wilhelms Kapelle war so berühmt, dass sie 1711 zur Kaiserkrönung Karls VI. nach Frankfurt eingeladen wurde. Aufsehen erregte 1696 der Bau eines Opernhauses am Düsseldorfer Hof.

Auch sein Bruder und Nachfolger Karl Philipp liebte die Oper; er hatte an seinem Innsbrucker Hof eine gute Kapelle. Als Karl Philipp nach 1718 seinen Hof endgültig nach Heidelberg und 1720 nach Mannheim verlegte, vereinigte er die beiden Kapellen und gründete damit eines der berühmtesten Orchester Europas, die Mannheimer Hofkapelle, in der er allein 33 Musiker aus Düsseldorf aufnahm. Deren erste Chefs waren Johann Hugo von Wilderer aus Düsseldorf und Jacob Greber aus Innsbruck. So verwundert es nicht, dass Karl Philipps ganzes Streben der Errichtung eines Opernhauses im neuen Mannheimer Schlosskomplex galt. 1737 in Auftrag gegeben, wurde es im April 1739 von Balthasar Neumann begutachtet und 1741 von Alessandro Galli da Bibiena fertig gestellt. Es verfügte über ein Parterre noble, einen darüber liegenden Logenrang mit der Kurfürstenloge sowie weitere vier Logenränge. Es hatte 3 bis 5 Stockwerke und ein Mansardendach. Das Opernhaus bot zwischen 1500 und 5000 Besuchern Platz. Am 17. Januar 1742 wurde es zur Hochzeit Karl Theodors und Elisabeth Augustas mit der Oper „Meride" von Carlo Grua eingeweiht. Bis 1778 wurde es ständig bespielt, 1795 ging es bei der Belagerung Mannheims durch die Österreicher in Flammen auf.

Auch Karl Theodor war hoch musikalisch und spielte Flöte und Cello. Schon 1743 gewann er den Geigenvirtuosen Johann Stamitz aus Böhmen für das Mannheimer Orchester. Dieser wurde der Erneuerer und Modernisierer von Komposition und Spieltechnik; unter ihm, seinen Söhnen Carl und Anton und seinen Schülern und Nachfolgern entwickelte sich die bald so berühmte Mannheimer Spielweise, die als „Mannheimer Schule" die Voraussetzung für die Wiener Klassik schuf. Neben Stamitz sind die bekannten Virtuosen und Komponisten Ignaz Holzbauer, Christian Cannabich, die Brüder Toeschi, Ignaz Fränzl, Franz Danzi, Franz Xaver Richter und Johann Baptist Wendling zu nennen. Ein weithin berühmter Musiktheoretiker war Abbé Georg Joseph Vogler aus Franken, dessen Stärke in der geistlichen Musik lag. Besonders gerühmt wurden bei den Mannheimern (*die Mannheimer Kapelle sei eine Armee aus lauter Generalen*) die strenge Beachtung des einheitlichen Bogenstrichs, der Einsatz von Bläsern und die hoch entwickelte Kunst des effektvollen Orchestercrescendos, die so genannte Mannheimer Walze.

1777 hielt sich Mozart mehrere Monate in Mannheim auf. Er spielte einige Male vor dem Hof und unterrichtete die natürlichen Kinder des Kurfürsten. Karl Theodor bestellte bei ihm eine Oper. Mozarts Bemühungen um Anstellung kamen in dem äußerst ungünstigen Zeitpunkt, als Karl Theodor seinen Hof nach München verlegte, nicht zum Zuge. So wurde der „Idomeneo" in Anwesenheit des kurfürstlichen Hofes 1781 in München uraufgeführt. Karl Theodor urteilte: *Eine magnifique musique! Man sollte nicht meinen, dass in einem so kleinen Kopf eine so großartige Musik stecke.* Mozart, der sich insgesamt 175 Tage in Mannheim aufhielt, lernte hier in der Musikerfamilie Weber seine Ehefrau Constanze kennen.

Karl Theodor führte auch die Operntradition seiner beiden Vorgänger weiter: erst die italienisch-französische *opera seria* und in Schwetzingen die *opera buffa*. Der Kurfürst zeigte sich auf der Höhe der Zeit, indem er sein Theater der deutschsprachigen Oper öffnete und eine solche, nämlich „Günther von Schwarzburg", bei Anton von Klein für das Libretto und Ignaz Holzbauer für die Musik in Auftrag gab. Es handelte sich hierbei um eine Oper, deren Sujet der deutschen Geschichte entnommen war. Insofern kann man hier von einer Nationaloper sprechen. Die Bemühungen, den angesehensten Schriftsteller des deutschen Rokoko, Christoph Martin

Wolfgang Amadeus Mozart 1789, Radierung von Leonhard Posch nach einer Vorlage von Josef Mansfeld

Wieland, für eine Oper „Rosamunde" nach Mannheim zu verpflichten, scheiterten. Diese Enttäuschung schlug sich in Wielands berühmtem, geistreich-satirischen Roman „Die Abderiten" nieder, in dem Wieland unter anderem die Theaterwut der Mannheimer verspottete.

Im Sprechtheater setzte Karl Theodor ebenfalls Maßstäbe. Hier galt bis in die 70er-Jahre das französische Schauspiel alles. Kein Geringerer als Voltaire, der berühmteste Schriftsteller Europas, hielt sich nach seinem Zerwürfnis mit Friedrich dem Großen mehrmals am Hof in Mannheim und – was eine hohe Auszeichnung war – in der Sommerresidenz Schwetzingen auf. Der Kurfürst ermöglichte ihm die Uraufführung zweier Stücke. Neben der französischen Schauspieltruppe gab es seit 1768 „Deutsche Hofkomödianten", 1775 stiftete Karl Theodor die „Kurpfälzische Deutsche Gesellschaft", die sich der Sprachpflege in der Pfalz widmete, aber

Friedrich Schiller in seiner
Mannheimer Zeit um 1785

auch viele auswärtige korrespondierende Mitglieder hatte.
Dabei stützte er sich auf Georg von Stengel, Anton von Klein
und den Physiker Johann Jacob Hemmer. 1778 übernahm
Heribert von Dalberg die Leitung des deutschen Schauspiels.
Dieser gewann für Mannheim die Mitglieder der frei geworde-
nen Gothaer Schauspieltruppe mit den Berühmtheiten Iffland,
Beil und Beck. 1777 wurde das neue Nationaltheater (B 3)
eröffnet und im Oktober 1779 erstmals durch das Dalberg-
Ensemble bespielt. Karl Theodor hinterließ dieses Theater zu
einiger *Nahrungs mitbeihülfe* den Bürgern der Stadt und
unterstützte es mit einem jährlichen Zuschuss von 5000 fl.
  Nach kurzer Zeit fand diese Bühne Widerhall in ganz
Deutschland, besonders mit der berühmten Uraufführung des
ersten Schillerstücks „Die Räuber" am 13. Januar 1782. Friedrich Schiller selbst, herzoglich württembergischer Regiments-
arzt in Stuttgart, war heimlich gegen das ausdrückliche Verbot

seines Landes- und Dienstherrn, des Herzogs Karl Eugen, nach Mannheim gereist, um die Uraufführung seines Stückes inkognito mitzuerleben. Sie wurde zu einem Triumph, alle Mannheimer und auswärtigen Besucher waren völlig hingerissen, wochenlang war dieses Stück in aller Munde. Als der Herzog nach Monaten von dem Besuch Schillers in Mannheim erfuhr, verbot er ihm *gänzlich das Komödienschreiben* und bedrohte ihn mit Internierung auf dem Hohen Asperg. Da sann Schiller auf Flucht aus dem Dienst. Am 18. September 1782 verließ er zusammen mit seinem Freund Andreas Streicher Stuttgart und floh nach Mannheim. Er hoffte auf eine Anstellung als Theaterdichter und brachte als Einstand auch schon sein zweites Drama „Die Verschwörung des Fiesko zu Genua" mit. Dieses fand allerdings eine zwiespältige Aufnahme bei den Mannheimer Künstlern. Das Honorar des Verlegers und Buchhändlers Schwan brachte Schiller über einen notvollen, kargen Winter. Intendant Dalberg aber verweigerte dem Dichter einen Vorschuss auf die Aufführung, so dass er mittellos war. Unterkunft für mehrere Monate fand er bei einer Verehrerin seiner Kunst, Frau von Wolzogen, im thüringischen Bauerbach bei Meiningen. Im Frühjahr 1783 änderte Dalberg jedoch seine Meinung und rief Schiller als Theaterdichter nach Mannheim zurück. Ein Jahr lang war Schiller am Mannheimer Nationaltheater angestellt. Dann wurde sein Vertrag trotz Lieferung zweier Stücke, „Fiesko" und „Luise Millerin" (Kabale und Liebe), nicht erneuert und der Dichter geriet in große Not, aus der ihn erst ein selbstloses Darlehen seiner Vermieter, des Maurermeisters Hölzl und seiner theaterbegeisterten Frau, rettete. Im April 1785 verließ Schiller Mannheim und reiste auf der Suche nach einer Stelle nach Sachsen, wohin ihn sein Dresdener Freund Körner eingeladen hatte. Diese fand er schließlich – nicht zuletzt durch Goethes Vermittlung – in Jena und Weimar.

Schillers Verleger in Mannheim, Christian Friedrich Schwan und Tobias Löffler, betrieben Verlage und Buchhandlungen, die weithin geschätzt waren. Dazu kam Mannheim als Hauptort für den Bücherimport aus Frankreich nach Deutschland, worin sich die Nähe des Hofes und der maßgeblichen

Gesellschaft zur französischen Kultur ausdrückte. Immerhin war die Muttersprache Karl Theodors, der in Brüssel aufgewachsen war, das Französische. Er hielt sich einen Literaturagenten in Paris, der ihn direkt über alle neuen kulturellen und modischen Tendenzen am Versailler Hof unterrichten musste.

Auch die Bildende Kunst konnte sich der besonderen Gunst des Kurfürsten erfreuen. Die Blüte der Baukunst in Mannheim, Schwetzingen und der ganzen Pfalz lockte Architekten und Bildhauer an. Das Kurfürstenpaar, die Herzöge von Pfalz-Zweibrücken und der pfälzische Adel gaben im 18. Jahrhundert Mannheim und der ganzen Kurpfalz den Charakter eines leichten und heiteren Barock, der am Ende des Jahrhunderts zum Klassizismus überleitete. Zu nennen sind hier die Bildhauer Paul Egell und Peter Anton von Verschaffelt, der 1756/69–1793 als Hofbildhauer die Bildhauer- und Zeichnungs(Kunst)akademie mit ihrem berühmten Antikensaal leitete, die Architekten Alessandro Gallo da Bibiena, Franz Wilhelm Rabaliatti und Nicolas de Pigage. Pigage erbaute das Schloss Benrath, die Düsseldorfer Residenz des Kurfürstenpaares, und den französischen Gartenteil des Schlosses Schwetzingen mit dem Theater und den Zirkelbauten. Der Gartenarchitekt Friedrich Ludwig von Sckell erweiterte nicht nur Schwetzingen um den englischen Gartenteil und die einzigartigen Gartenbauwerke, sondern legte auch den Englischen Garten in München an. Sckell war von Karl Theodor nach England geschickt worden, um die englische Gartenbaukunst zu studieren. Der Maler und Kunstpädagoge Lambert Krahé, der in Düsseldorf die Kunstakademie leitete und die große Gemäldesammlung Johann Wilhelms betreute, überführte über 600 Gemälde der berühmten Niederländer mit Rembrandt und Rubens an der Spitze auf Geheiß des Kurfürsten Karl Philipp nach Mannheim; nach 1778 kamen sie nach München, wo sie noch heute einen Grundstock der Alten Pinakothek bilden. Weitere Künstler im Umkreis des Mannheimer Hofes waren Heinrich Sintzenich und die Familie Kobell. Eine besondere Liebe Karl Theodors galt seiner Kupferstichsammlung. Er besaß über 8000 Zeichnungen, darunter viele Blätter von Dürer, und 60 000 Kupferstiche. Auch diese gelangten Ende des 18. Jahrhunderts nach München. Zu erwähnen ist schließlich noch die Frankenthaler Porzellanmanufaktur, in der unter anderem der Hofbildhauer Karl Theodors, Franz Conrad Linck, wirkte.

**Die Kurpfälzische Akademie der Wissenschaften:** Ein beachtliches wissenschaftliches Zentrum war die Mannheimer Schlossbibliothek, die Karl Theodor zu einer der prächtigsten und mit über 60 000 Bänden zu einer der größten in Deutschland ausbaute. In ihr berührte sich die kurfürstliche Kunstpflege mit der Wissenschaftsförderung. Die Bücherschätze des Schlosses standen den Gelehrten zur freien Benutzung offen, wie auch der große Bibliothekssaal der 1763 gegründeten Kurpfälzischen Akademie der Wissenschaften als Sitzungssaal diente. Archäologie, Geschichtsforschung, Physik und Meteorologie standen hierbei im Vordergrund. Die Academia Theodoro-Palatina, die fünfte Akademie der Wissenschaften in Deutschland, mit einer historischen, einer physikalisch-astronomischen und von 1780 an mit einer meteorologischen Klasse, korrespondierte mit anderen Akademien in Europa und vielen Gelehrten. Gründer waren der berühmte elsässische Historiker Johann Daniel Schöpflin als Präsident, Cosimo Alessandro Collini (der ehemalige Sekretär Voltaires) und Andreas Lamey als Sekretäre. Ihre Forschungsansätze waren zukunftsweisend, wie damals überhaupt die Wissenschaftlichen Akademien den Universitäten den Rang abliefen. Die historische Forschung wurde systematisch auf die Quellen, vor allem auf die Originalurkunden gegründet und diese veröffentlicht. Christoph Jacob Kremer schrieb auf dieser Basis die Geschichte des pfälzischen Kurfürsten Friedrich des Siegreichen, die bis heute noch nicht ersetzt ist. Der bedeutendste Ertrag dieser Forschungen ist die mehrbändige Urkundenedition des Lorscher Codex durch Andreas Lamey. Johann Goswin Widder veröffentlichte 1786 die vierbändige Beschreibung der Kurfürstliche Pfalz am Rhein, die alle damals zugänglichen Quellen auswertete. In der Akademie wurde auch die provinzialrömische Archäologie des Mannheimer Raumes begründet. Schon 1755 hatte der Kurfürst ein Gesetz erlassen, das Schonung und Bergung römischer Funde in allen pfälzischen Landen vorschrieb, ein erstes Gesetz zur Bodendenkmalspflege. Die Akademie erhielt die Aufgabe, die Funde zu erschließen und zu sammeln.

In der naturwissenschaftlichen Klasse standen Forschungen zur Elektrizität, astronomische und kartographische Arbeiten auf der Grundlage einer exakten Geodäsie im Mittelpunkt. Der Physiker (und Sprachreformer) Johann Jakob Hemmer, ursprünglich Hofkaplan, erfand aufgrund von Experimenten den fünfstrahligen Blitzableiter, der auf Anordnung Karl Theodors hin auf allen öffentlichen Gebäuden angebracht wurde und noch heute auf dem Schwetzinger Schloss zu sehen ist. Der Jesuit Christian Mayer, einer der bedeutendsten Astronomen der Zeit, entdeckte das Phänomen der Doppelsterne. Er hatte zuerst im Schwetzinger Schloss eine Sternwarte und dann ein eigenes Gebäude, das noch heute hinter der Mannheimer Jesuitenkirche steht. Seine Methode der exakten Landvermessung mittels der Triangulation verschaffte ihm den Auftrag, die *Charta Palatina*, eine auf zwölf Blätter angelegte genaue Pfalzkarte, zu erstellen. Bei seinem Tod 1783 waren zwei Blätter fertig. Auf dieser Methode fußt auch die topographisch genaue und 1782 glänzend gestochene Karte von „Mannheim und seiner Umgebung" von Ferdinand Denis, einem kurpfälzischen Ingenieur-Offizier.

Eine weitere Pioniertat der Akademie war die Begründung der wissenschaftlichen Meteorologie durch den persönlichen Sekretär des Kurfürsten und Akademiedirektor Stephan von Stengel, Sohn des damals sehr einflussreichen Vertrauten des Kurfürsten Johann Georg von Stengel. Sie basierte auf mehrmals täglich erhobenen Wetterdaten auf genau geeichten Instrumenten, nicht nur in Mannheim, sondern auch in einem Beobachtungsnetz, das sich sowohl auf wissenschaftliche Kollegien in ganz Europa als auch auf Meldungen aus Grönland, Nordostrussland und Nordamerika erstreckte. Die einlaufenden Informationen wurden tageweise geordnet und als „Mannheimer Ephemeriden" (Tagebücher) in zwölf Jahrgängen veröffentlicht. Noch heute wird weltweit das Mannheimer Messsystem in der meteorologischen Datensammlung benutzt.

Der Arzt Friedrich Kasimir Medicus vertrat die systematische Botanik und legte einen botanischen Lehrgarten an. Um der Kinder- und Müttersterblichkeit zu steuern, ließ der Kurfürst ein Hebammeninstitut und ein Gebärhaus einrichten. Der Medizinprofessor Franz Anton Mai propagierte die Hygiene und bestätigte sich durch seine Medizinischen Fastenpredigten in der Öffentlichkeit als „hygienischer Volkserzieher". Mit populären Schriften wie in dem „Sendschreiben über den Gebrauch und Mißbrauch der Rheinbäder" forderte er eine Präventivmedizin, die durch Abhärtung Krankheiten verhindern und Gesundheit erhalten sollte.

Mannheim gehörte in diesen Jahrzehnten zu den europäischen Städten, die man besucht haben musste. Idealstädte waren in Renaissance und Barock eine beliebte gedankliche Konstruktion und mathematisch begründete Zeichenfigur für reformerische, politische Theorien. Mannheim war als neu gegründete Residenzstadt exmplarisch für das Regierungs- und Kulturprogramm des Aufgeklärten Absolutismus. Das brachte eine umfangreiche Reiseliteratur hervor, in der Mannheim häufig erwähnt wird. Neben Goethe und Schiller besuchten auch die führenden Geister des späten 18. Jahrhunderts, wie Schubart, Wilhelm von Humboldt, Jacobi, Lessing, Klopstock und Wieland, die Stadt.

### Goethe in Mannheim

Auf einer Reise von Straßburg nach Frankfurt 1769 besuchte Goethe Mannheim zum ersten Mal: *…Habe ich in Mannheim so viele kostbare Dinge gesehen, dass ich davon verblüfft war. Die Gemäldesammlung, die naturgeschichtlichen Säle, die Oper …* Er lernte den Akademiesekretär Lamey und den Historiker Kremer kennen und schließlich die Mannheimer Zeichnungsakademie mit ihrer Antikensammlung: *Hier stand ich nun, den wundersamsten Eindrücken ausgesetzt, in einem geräumigen Saal … die herrlichsten Statuen des Altertums nicht allein an den Wänden gereiht, sonder auch innerhalb … aufgestellt; ein Wald von Statuen , durch den man sich durchwinden … musste. Alle diese herrlichsten Gebilde konnten durch Auf- und Zuziehen der Vorhänge in das vorteilhafteste Licht gestellt werden.* Es folgten Besuche in den Jahren 1772, 1774 und 1775. 1779 nahm

Dalberg mit Goethe Kontakt auf, um dessen Theaterstücke „Iphigenie" und „Die Mitschuldigen" für die Mannheimer Bühne zu erhalten. Im Dezember 1779 kam Goethe zusammen mit Herzog Karl August auf der Rückreise aus der Schweiz nach Mannheim und sah sich die Aufführung seines Stücks „Clavigo" (mit Iffland) an. 1784 wurde Goethes „Götz von Berlichingen" aufgeführt. 1814/15 besuchte er während seiner Aufenthalte in Heidelberg auch Mannheim.

# Von der pfälzischen Hauptstadt zur badischen Grenzstadt (1790–1815)

Die Verlagerung des Hofes nach München begann 1778 mit der Übersiedlung des Kurfürsten Karl Theodor und seines engeren Hofstaates. Obwohl die pfälzische Regierung unter dem Statthalter, dem Grafen Oberndorff, in Mannheim zurückblieb, verließen nach und nach viele Zentralbehörden die Stadt. Auch wollte Karl Theodor, von dem die gesamte Kulturpflege die entscheidenden Impulse erhielt, nicht missen, was ihm lieb war. So wanderten nicht nur viele Künstler (z. B. Sckell und Kobell), sondern ebenso die Galerie, die Kunstsammlungen und die Schatzkammer nach München. Das Schloss leerte sich. In den 1780er-Jahren verließen 1800 Personen mehr die Stadt als zuwanderten. Dabei liebte Karl Theodor Mannheim und seine Pfälzer mehr als München, wo er die Herzen seiner neuen Untertanen nicht gewinnen konnte. Er kehrte hin und wieder, 1789 für fast ein Jahr, zurück; und immer hofften die Mannheimer, er werde bleiben, aber vergeblich.

1789 wurde durch den Ausbruch der Revolution im benachbarten Frankreich ein neues Zeitalter eröffnet, in dem auch die deutschen Verhältnisse in der langen Kriegsperiode von 1792–1815 völlig umgestürzt wurden. Schwierig wurde es schon, als 1792 Frankreich Österreich und Preußen den Krieg erklärte. Mannheim und die Pfalz wurden im 1. Koalitionskrieg (1792–1797) sogleich Kriegsschauplatz, und der französische General Custine besetzte mit seinen Revolutionstruppen das linke Rheinufer, das Frankreich annektierte. Das Kriegsglück wechselte mehrmals. Mannheim lag als Festung mitten im Kriegsgeschehen und wurde von beiden Parteien mehrfach erobert und wieder aufgegeben. Die Neutralitätserklärungen der kurpfälzischen Regierung nützten nur begrenzt. Frankreich achtete sie mehr, Österreich gar nicht. So kam es

Vorstellung der Festung Schleifung Mannheims im Jahr 1799

Schleifung der Festungswälle 1799

1795 zur Belagerung der Stadt durch die Österreicher unter General Wurmser, der die zerstörerische Beschießung Mannheims befahl, wobei der Westflügel des Schlosses schwer getroffen wurde und Opernhaus und Ballhaus abbrannten. Schwere Brände tobten in der Stadt, so dass die Zeitgenossen von der 3. Zerstörung Mannheims sprachen. Noch in den 20er-Jahren des 19. Jahrhunderts lagen der Westflügel des Schlosses und noch manches Haus in Trümmern, so dass ein Reisender *Mannheim ein überirdisches Herculaneum* nannte.

Auch der 2. Koalitionskrieg (1799–1801) sah die Pfalz als einen Hauptkriegsschauplatz. Wieder wurde Mannheim von den Franzosen besetzt und 1799, im Todesjahr Karl Theodors, nach einer Belagerung von den Österreichern erstürmt. Diese drangen auf die *Zernichtung der Festungswerke,* an der sich die in der Stadt zurückgebliebenen Einwohner begeistert beteiligten. Für die Pfalz und Mannheim bestätigte schließlich der Friede von Lunéville 1801 die Abtretung aller linksrheinischen Gebiete Deutschlands an Frankreich. Mannheim verlor seinen linksrheinischen Gemarkungsteil mit der Rheinschanze als dem Brückenkopf. Damit war die linksrheinische Pfalz aus dem bayerisch-pfälzischen Staatsverband ausgeschieden, und Pfalz-Bayern hatte als Ausgleich für diese Verluste einen Entschädigungsanspruch auf der rechten Rheinseite. Dieser Ausgleich sollte nach dem Reichsdeputationshauptschluss von 1803 aus den Territorien der geistlichen Fürsten und der kleineren Reichsstände befriedigt werden. Kurfürst Max Joseph (1799–1806) und sein Minister Montgelas zogen es dabei vor, das bayerische Kernland durch die großen geistlichen Fürstentümer am Main zu arrondieren, und opferten dafür auch die rechtsrheinische Pfalz, die eigentliche Wiege der Pfalzgrafschaft um Heidelberg (und Mannheim). So wurde die rechtsrheinische Pfalz badisch. Mannheim rückte aus dem Zentrum des traditionsreichen altpfälzischen Oberrheingebietes rechts und links des Rheins an den äußersten Nordwestrand des neu gebildeten Großherzogtums Baden, so dass bis heute seine Gemarkungsgrenze größtenteils auch die Landesgrenze bildet. Die Frage der Landesgrenzen zu Bayern (Rheinpfalz bis 1945 und seitdem Rheinland-Pfalz) und Hessen mit den vielen Nachteilen der Grenzlage für Mannheim ist bis heute nicht gelöst.

Die Kriegslasten für die napoleonischen Eroberungsgelüste erhöhten die von den Revolutionskriegen seit 1792 stammenden Schulden der Stadt beträchtlich. Diese abzutragen dauerte an die 30 Jahre. Das neue Großherzogtum war eng an Napoleon gebunden, was durch die Ehe des badischen Thronfolgers Karl mit der Adoptivtochter Napoleons, Stéphanie de Beauharnais, dokumentiert wurde. Das verhinderte jedoch die französischen Forderungen nach Konskriptionen (Stellung von Soldaten), Kontributionen (Zahlung von Kriegskosten), Einquartierungen und Fouragierungen (Beherbergung und Verpflegung) von Besatzungstruppen nicht. 1812 zogen allein im Regiment Erbprinz über tausend Mannheimer und Kurpfälzer mit Napoleon nach Russland. Nur ganz wenige davon kamen nach Jahren zurück. Die Kriegsschulden Mannheims betrugen 1815 2,5 Mio Gulden. Als Entschädigung für die

Stéphanie de Beauharnais,
Großherzogin von Baden,
nach 1811

Stadt, die lange vergeblich gehofft hatte, dass der badische Markgraf, Kurfürst und Großherzog Karl Friedrich († 1811) seine Residenz in Mannheim anstatt in dem viel kleineren Karlsruhe nehme, bezog zwischen 1807 und 1811 das badische Erbprinzenpaar Karl und Stéphanie das Mannheimer Schloss.

Schließlich wurde Mannheim an der Jahreswende 1813/14 erneut zum Kriegsschauplatz, als sich im Oktober 1813 nach der Völkerschlacht bei Leipzig das geschlagene Heer Napoleons an den Rhein zurückzog. Die Franzosen gingen bei Mannheim über den Rhein und verschanzten sich in der Rheinschanze und in Friesenheim gegenüber der Stadt. Noch einmal drohte die abgeschlossene Festungsgeschichte Mannheims aufzuleben, als die Südarmee der Alliierten bis Ende Dezember 1813 unter dem Kommando des russischen Generals von Sacken in und um Mannheim aufmarschierte. Zu den Russen stießen ein preußisches und ein österreichisches Armeekorps. Dass Mannheim hier eine zentrale Rolle spielen sollte, zeigte die Anwesenheit des österreichischen Kaisers Franz I. und des preußischen Königs Friedrich Wil-

Russische Parade auf dem Theaterplatz 1815, rechts von vorn nach hinten: Palais Zweibrücken, Jesuiten- und Hofkirche, Jesuitenkolleg, ein Schlosspavillon; links vorn: Nationaltheater. Aquarell von Josef Paul Karg

helm III. mit dem Prinzen Wilhelm in der Stadt, wo sie eine große Truppenparade abnahmen. Durch einen Handstreich in der bitterkalten Neujahrsnacht 1813/1814 gelang es den Alliierten trotz heftigen französischen Feuers, den teilweise vereisten Rhein nördlich und südlich der Stadt zu überschreiten. Die Verbündeten konnten in wenigen Tagen nach Lothringen vorstoßen. Damit war die unmittelbare Kriegsgefahr von Mannheim abgewendet; aber immer noch sahen die beiden Jahre bis zum endgültigen Friedensschluss 1815 Einquartierungen und Truppendurchmärsche mit allen Lasten für die Bevölkerung.

# Biedermeier und Vormärz (1815–1848)

Der Wiener Kongress bestätigte 1815 Mannheims Lage in der Nordwestecke Badens. Alle Versuche König Ludwigs I. von Bayern, der mit Mannheim, Heidelberg und Rohrbach die Heimat seiner Kindheit und Jugend zurückhaben wollte, scheiterte vor allem am Widerstand Russlands. Fürstentöchter aus Baden und Hessen-Darmstadt hatten in das Zarenhaus geheiratet, weswegen Zar Alexander I. seine schützende Hand über Baden hielt. Nach dem Tod des Großherzogs Karl 1818 wohnte seine Witwe Stéphanie de Beauharnais bis 1860 im Schloss. Durch sie wurde der Witwenhof für die Stadt und den unterländischen Adel gesellschaftlicher und kultureller Mittelpunkt, wenn auch in einem viel bescheideneren Rahmen als in der Karl-Theodor-Zeit. Sophie La Roche und Karl Maria von Weber waren Gäste der Großherzogin. Die Stadt erhielt als Entschädigung den – folgenlosen – Titel Hauptstadt, der ihr bis 1938 blieb.

### Kulturelles Leben

Die Abwesenheit von Hof, Regierungsbehörden und Adel bedeutete aber letztlich eine große Chance für das Bürgertum, welche dieses auch in einem Maße nutzte, wie es sonst noch selten in Deutschland geschah. Zwischen 1815 und dem Ausbruch des Ersten Weltkriegs 1914 entwickelte sich Mannheim zu einer Stadt des Großbürgertums.

Die Kultur gab dem geschäftigen Leben dieser Stadt Glanz und Sinn, an erster Stelle das Nationaltheater – womit sich diese großherzige Stiftung Karl Theodors von 1779 als sehr weitsichtig erwies. Dieses Hoftheater wurde 1839 vom badischen Staat aufgegeben und von den Bürgern als erstes kommunales Theater in Deutschland übernommen und von einem Hoftheaterkomitee geleitet. So ist das von den Mannheimern geliebte und eifersüchtig gehütete Theater nach Schillers bekanntem Diktum: „Die Schaubühne als moralische Anstalt" zum Kern bürgerlicher Kulturpflege geworden, ganz im Sinne des neuhumanistischen Bildungsideals der Klassik und Romantik.

Die Musikpflege geschah in der Musikalischen Akademie. Darüber hinaus prägten bürgerliche Gesellschaften und Vereine das Leben der Stadt: Bis heute bestehen die „Harmonie" (1803), der „Verein für Naturkunde" und der „Kunstverein" (1833), die „Räuberhöhle" (1839), der „Turnverein" (1846) und der „Mannheimer Altertumsverein" (1859). Diese bürgerlichen Zusammenschlüsse nahmen die Kunst- und Wissenschaftspflege der Kurfürstenzeit auf und entwickelten sie zu den heutigen öffentlich-städtischen Institutionen weiter. So gehen nicht nur das Theater, sondern auch das Stadtarchiv, die Reiss-Engelhorn-Museen – mit ihren Abteilungen für Archäologie, Völkerkunde, Kunst-, Theater- und Stadtgeschichte und Naturkunde – und die Kunsthalle auf die Bürger und ihr Mäzenatentum zurück.

## Wirtschaft

Die wirtschaftliche Basis des Mannheimer Bürgertums waren das Bankwesen und der Handel mit Landesprodukten wie Tabak, Hopfen, Holz, Getreide und vor allem Wein. Mannheim war der erste Umschlagsplatz für den Pfälzer Wein. Rasch entwickelten sich der Tabakhandel und die Tabakindustrie; diese standen bis in die zweite Hälfte des 19. Jahrhunderts an erster Stelle. Dann schob sich der Getreidehandel an die Spitze. Dazu kam der Import von Kolonialwaren und Farbstoffen aus Übersee, die man damals Drogen (Drogerie) nannte. Dieser Handel lief bald für ganz Süddeutschland über Mannheim. Da liegt auch die Wurzel der bedeutenden Mannheimer chemischen Industrie in der zweiten Jahrhunderthälfte; denn es waren die Giulini, Clemm, Haas und Engelhorn, die mit dem Geld, das sie im Naturfarbenhandel verdienten, die Anilin- und Indanthrenfabriken errichteten, wie

Freihafen von Mannheim 1842, Radierung

1865 die „Badische" Anilin- und Sodafabrik (BASF). Diese das
ganze Jahrhundert anhaltende Blüte des Handels wurde ge-
tragen von einem leistungsfähigen Bankgewerbe, an der Spitze
die Bankhäuser Hohenemser und Ladenburg, die Mannheim
zu einem führenden Bankenplatz machten. Seit 1831 gab es
die Industrie- und Handelskammer, die die Interessen der
Wirtschaft gegenüber dem Staat vertrat.

Eng mit dem Handel verbunden waren das Speditions-
gewerbe und die Schifffahrt. So begrüßte man in Mannheim
den Deutschen Zollverein von 1834 mit einem Volksfest auf
der Schiffsbrücke zur linksrheinischen Rheinschanze, die seit
1816 zu „Rheinbaiern", erst wieder 1838 „Rheinpfalz" genannt, gehörte. Die Rheinkorrektion Tullas, von der Mannheim ungemein profitierte, führte zur Verbesserung der Rheinschifffahrt, die als Großschifffahrt bis 1910 in Mannheim
endete. 1828 wurde die erste Freihafenanlage als Stromhafen,
vor allem auch für die Passagierschifffahrt, in Betrieb genommen. Bereits 1825 landete, von Holland kommend, das erste
Dampfschiff in Mannheim. 1834 wurde mit dem Bau eines
Hafenbeckens begonnen, das 1840 eröffnet und bis 1853
verdoppelt wurde. Seit 1842 gab es einen Liniendienst mit
Dampfschiffen zwischen Mannheim und Holland.

Freiherr von Drais, „Erfinder der Schnelllaufmaschine und bekannter Schnell- und Scharfdenker", mit seinem Laufrad vor der Stadt, 1819

Im September 1840 fuhr die erste badische Eisenbahn von Mannheim nach Heidelberg. Lokomotive und Wagen waren zu Schiff von England nach Mannheim gekommen. 1846 wurde die badische Staatsbahn, die inzwischen schon über Karlsruhe und Rastatt bis Offenburg vorangetrieben worden war, an die hessische Bahn angeschlossen. Der Anschluss an die badische Bahn erfolgte jedoch nicht in Mannheim, sondern nach einem langen Streit zwischen den Wirtschaftsinteressen Mannheims und denjenigen Ladenburgs, Heidelbergs und der Bergstraßenorte genau in der Mitte zwischen Mannheim und Heidelberg in Friedrichsfeld, das sich damit zu einem Eisenbahnknotenpunkt entwickelte. In Friedrichsfeld wurden die aus Frankfurt und Darmstadt kommenden Züge geteilt, der Schaffner rief jedesmal mehrmals zum ständigen Ärger der Mannheimer: *Mannem hinne!,* bevor dann die beiden Zugteile ihre Fahrt getrennt nach Mannheim und Heidelberg fortsetzten. 1845 wurde auch die erste feste Neckarbrücke, die Kettenbrücke, errichtet. Bereits 1817 hatte in Mannheim Freiherr Carl von Drais mit seiner hölzernen Laufmaschine ein Zweirad erfunden, mit dem er in der Stadt nicht nur großes Aufsehen, sondern auch viel Spott erregte. Trotzdem nahm damit die Entwicklung des Fahrrads in Mannheim ihren Anfang.

## Liberale Bestrebungen

1818 erließ Großherzog Karl von Baden die badische Verfassung, die ein Zweikammersystem vorsah, die Erste Kammer für die Standesherrn, die Zweite für die Volksvertreter, die in freier Wahl, indirekt über Wahlmänner und nach einem recht hohen Steuerzensus gewählt wurden. Mit dieser liberalen Verfassung, einer der ersten in Deutschland, entwickelte sich die Zweite Kammer des Badischen Landtags zur *hohen Schule des deutschen Liberalismus*. Mannheim hatte aufgrund seiner wirtschaftlichen Stärke eine große Wählerzahl und eine bürgerliche Gesellschaft, welche die politischen Gedanken der Zeit in der örtlichen Presse leidenschaftlich diskutierte. Die *Mannheimer Abendzeitung, Der Deutsche Zuschauer* und *Die Deutsche Zeitung* wurden weit über die Stadt hinaus beachtet. So ließ der linksliberale Schriftsteller Karl Gutzkow seinen Roman „Wally die Zweiflerin" (1835) in Mannheim erscheinen, um die Gedanken des Jungen Deutschland zu verbreiten. Mannheimer Kaufleute und Anwälte waren von allem Anfang an in der Zweiten Kammer vertreten, so dass in der badischen Politik dieselben Namen auftauchten wie in der Mannheimer Wirtschaft, Gesellschaft und politischen Öffentlichkeit: Ludwig und Friedrich Daniel Bassermann, Heinrich Christian Diffené, Oberbürgermeister und Mitglied des deutschen Zoll(vereins)parlaments in Erfurt, Johann Philipp Jolly, Oberbürgermeister, und Friedrich Lauer, Präsident der Handelskammer und ebenfalls Mitglied des Zollparlaments. Dazu kamen Journalisten und Advokaten wie Alexander von Soiron, die späteren badischen Minister August Lamey und Karl Mathy, sowie die künftigen Revolutionäre Adam von Itzstein, Friedrich Hecker, Gustav von Struve, Lorenz Brentano und Heinrich Hoff. Diese Liberalen, die sich oft schon seit ihrer Schulzeit im Mannheimer Lyceum persönlich gut kannten und alle in der Mannheimer Oberstadt wohnten, vertraten gemäßigt liberale, aber auch radikal-demokratische Ideen. Sie sollten schließlich 1848/49 unversöhnliche politische Gegner werden.

Dass es ein durchaus revolutionäres Potenzial im biedermeierlichen Deutschland gab, zeigten zwei Ereignisse, die sich in Mannheim und seiner nächsten Umgebung zutrugen: die Ermordung Kotzebues und das Hambacher Fest. Der damals am meisten gespielte Bühnenautor August von Kotzebue lebte seit einiger Zeit in Mannheim und belieferte nicht nur das hiesige Theater mit Komödien. Er war russischer Ehrenstaatsrat und stand – wie so häufig deutsche Künstler – auf der Pensionsliste des Zaren. Der Zar galt als der reaktionärste Herrscher in Europa. Daraus schlossen die radikalen studentischen Burschenschafter, die sich gerade (1817) auf dem Wartburgfest öffentlich kundgetan und unter anderem Kotzebues Stücke verbrannt hatten, dass er ein russischer Agent sei. Darüber hinaus verspottete der scharfzüngige Kotzbue die *Teutschtümelei* der Studenten in seinen Stücken. Grund genug für den Jenaer Theologiestudenten Karl Ludwig Sand, nach Mannheim zu reisen und ihn zu ermorden. Seinen anschließenden Selbstmordversuch überlebte Sand schwer verletzt, er wurde gefangen gesetzt und bis zu seinem Prozess gesund gepflegt. Er wurde geradezu zu einer Kultfigur. Diese terroristische Tat, zu der sich Sand voll Stolz bekannte, geschah im März 1819. Er starb in den Augen seiner Gesinnungsgenossen als Märtyrer

August von Kotzebues Ermordung 1819

Mannheim vom linken Rheinufer um 1835, kolorierter Stahlstich

unter großer Anteilnahme der Mannheimer im Sommer 1820 auf dem Schafott. Heute liegen Kotzebue und Sand nebeneinander auf dem Mannheimer Hauptfriedhof. Kotzebues Ermordung schlug in Deutschland wie eine Bombe ein. Der österreichische Staatskanzler Fürst Metternich nahm dies zum Anlass, im Deutschen Bund die Karlsbader Beschlüsse zur „Demagogenverfolgung" durchzusetzen. Für Baden bedeutete dies die Beschränkung der Verfassungsrechte und die Rückkehr Großherzog Ludwigs zum Absolutismus.

1830 erregte die Julirevolution in Frankreich in der links- und rechtsrheinischen Pfalz größtes Aufsehen. Die Verschärfung der Demagogenverfolgung nach dem Frankfurter Wachensturm führte in Neustadt zu der Idee, ein großes deutsches Verfassungsfest zu feiern. So kam es am 27. Mai 1832 zum Hambacher Fest, an dem rund 30 000 Menschen unter reger Beteiligung der Mannheimer teilnahmen. Stürmisch forderte man Verfassungen in allen Bundesstaaten und die deutsche Einheit. Umjubelt wurden auch die polnischen Freiheitskämpfer, die nach der Unterdrückung des Polnischen Aufstandes von 1830/31 ins Exil gegangen waren.

Anfang der 40er-Jahre spalteten sich die badischen Liberalen im Landtag unter der Führung der *vier Mannheimer* endgültig in einen gemäßigten und einen radikalen Flügel, jener unter Friedrich Daniel Bassermann und Karl Mathy, dieser unter Friedrich Hecker und Gustav von Struve. Die Demokraten, wie sich die Radikalen in der Folge nannten, riefen im August 1847 in Mannheim zu einer landesweiten Zusammenkunft der „Entschiedenen Freunde der Verfassung" auf, die am 12. 9. 1847 in Offenburg stattfand. Die Mannheimer Zeitungen *Deutscher Zuschauer,* von Struve herausgegeben, und die *Mannheimer Abendzeitung* waren Sprachrohre der liberalen Opposition geworden, die immer wieder bundesweite Zensurfälle hervorriefen.

# Die Revolution von 1848/49 in Mannheim

Die französische Februarrevolution von 1848 löste in Mannheim hektische Aktivitäten aus. Schon am 5. und 12. Februar hatte Friedrich Daniel Bassermann im Landtag freie Wahlen für eine deutsche Nationalversammlung gefordert. Als am 26. Februar die Nachricht vom Sturz des Bürgerkönigs Louis Philippe eintraf, reagierte Mannheim sofort als erste deutsche Stadt auf dieses Signal. Am 27. Februar versammelten sich spontan rund 2500 Bürger um die in der Lyceumsaula zusammengetretenen prominenten Politiker. Sie füllten den Saal, das Treppenhaus und den Platz davor und erhoben ihre Forderungen: Volksbewaffnung, Wahl der Offiziere durch das Volksheer, Pressefreiheit, Geschworenengerichte und die Wahl einer deutschen Volksvertretung. Diese „Mannheimer Forderungen" verbreiteten sich in Windeseile im ganzen Land. Schon am 1. März wurden sie von einer Massendelegation von 1500 Teilnehmern dem Landtag in Karlsruhe überbracht. Wortgewaltig machte sich Hecker zu ihrem Sprecher und erlebte seinen größten Triumph: Die badische Regierung übernahm die Forderungen und hob die Zensur auf. Viele andere Bundesstaaten folgten unverzüglich. In all diesen Staaten bildeten sich unter dem Eindruck der revolutionären Ereignisse liberale „März"-ministerien. Schon am 5. März konnte in Heidelberg eine Delegation süd- und westdeutscher Parlamentarier, wieder unter Führung der Mannheimer, zusammentreten und die Einberufung einer verfassunggebenden Nationalversammlung fordern. Mitte März kam es zu blutigen Aufständen in Berlin und Wien; auch dort setzte sich die Revolution durch. Unglaublich schnell hatte der deutsche Liberalismus gesiegt. Am 31. März trat in Frankfurt das Vorparlament zusammen und beschloss die Wahl einer Verfassunggebenden Nationalversammlung für ganz Deutschland, die dann am 18. Mai 1848 in der Frankfurter Paulskirche eröffnet wurde.

Während sich in Frankfurt eine gemäßigte liberale Mehrheit durchsetzte, spaltete sich in Baden und Mannheim die liberale Bewegung endgültig auf. Die „Demokraten" unter Hecker und Struve beriefen eine zweite Offenburger Versammlung auf den 19. März 1848 ein. Dort stritten Hecker, Struve und Mathy um die Führung. Struve vertrat vor 20 000 Teilnehmern erstmals die Idee einer föderalen deutschen Republik, beflügelt durch die Nachrichten aus Berlin und Wien. Auf der anderen Seite wollte Mathy nichts von einer Republik wissen, sondern setzte zusammen mit Bassermann auf eine konstitutionelle Monarchie. Das bedeutete, dass in Baden und vor allem in Mannheim das Gesetz des Handelns auf die Demokraten übergegangen war, wie es sich in der Frage der Volksbewaffnung zeigte. Darunter verstanden die Radikalen eine Bewaffnung des ganzen Volkes, die Gemäßigten nur eine Bürgerwehr. In Mannheim kam es sowohl zu einer Bürgerwehr unter dem Kommando Heckers (!) als auch zu einem Freikorps unter dem späteren Revolutionsgeneral Franz Sigel. Dieses Freikorps bestand aus Angehörigen der in Mannheim zahlenmäßig starken, proletarischen Unterschicht. Die Freikorpsleute bewaffneten sich mit gerade geschmiedeten Sensen. Die so genannten Sensenmänner hatten bald das Übergewicht, wie die Wahlergebnisse zur Nationalversammlung zeigten. Mannheim bestimmte 47 Wahlmänner, darunter 28 Radikale und nur 8 Gemäßigte. Diese Vorgänge klärten in Mannheim die Fronten: Bassermann und Soiron waren gemäßigt, Struve und Hecker radikal, einzig Karl Mathy schwankte, ehe er sich in einer Aufsehen erregenden Aktion von den Radikalen trennte. Er ließ Joseph Fickler, den Führer der Radikalen am Bodensee, auf dem Karlsruher Bahnhof verhaften. Als er danach nach Mannheim kam, musste er durch die Bürgerwehr vor dem aufgebrachten Volk geschützt werden. Hecker und Struve hatten sich nach Südbaden begeben, um am 13. April von dort den republikanischen Aufstand, den *Heckerzug* vom Bodensee und Hochrhein über das Tal der Wiese nach Kandern, auszulösen. Dadurch hatte aber auch Mathy die Hoffnung, in Mannheim die Radikalen zurückzudrängen. Hier entluden sich diese Spannungen durch führungslose, spontane Unruhen: Den ganzen April über gab es in der Stadt Straßenaufläufe, Versammlungen, Schlägereien und „Katzenmusiken" vor den Häusern politischer Gegner, für die Demokraten inzwischen die gemäßigten Liberalen, die Konstitutionellen.

Während die Stadtspitze und die führenden Großbürger sich um Vermittlung bemühten, griff die Regierung durch, indem sie Truppen nach Mannheim schickte. Als zusätzlich nassauische Truppen einmarschierten, kam es am 26. April zum offenen Aufruhr. Man errichtete Barrikaden, auch eine an der Rheinbrücke, um die bayerischen Truppen aufzuhalten. Dabei kam es zu Schusswechseln. Mathy stand an der Spitze der Repressionen und wurde am 1. Mai 1848 zum Sonderkommissar für Mannheim bestellt. Er zog weitere Truppen heran und verhängte das Kriegsrecht in der Stadt. Die Lage beruhigte sich, als die Nachricht von der Niederlage der Radikalen im südbadischen Kandern eintraf: Struve war in die Schweiz und Hecker nach Frankreich geflohen.

**Politische Lieder**

In Mannheim und seiner Umgebung brach neben der politischen auch die soziale Spannung auf, die sich vor allem bei den Demokraten artikulierte: So entstand eine badisch-pfälzische Parallele zu dem gefürchteten Ruf aus der französischen Revolution: „Hängt die Aristokraten an die Laterne!" In pfälzischer Mundart so gedichtet und im Sprechgesang, wie es heute die Rapper tun, gesungen (im heutigen Mannheimer Vorort Seckenheim überliefert):

> Hecker, Struve, Robert Blum
> kummt und schmeißt de Schubkarch um!
> Drum ehr dumme Reiche
> Gebt uns eiern Purpur her!
> Des gi(b)t route House
> für des freie deitsche Heer.

(Schubkarch = zur Flüchtung des Besitzes der Reichen; rote Hosen wie die französische Revolutionsarmee).

„Errichtung und Vertheidigung einer Barrikade an der Rheinbrücke zu Mannheim am 26. April", aus: Illustrierte Zeitung 1848

Oder das drohende:

### Hungerlied

Verehrter Herr und König,
Weißt du die schlimme G'schicht?
Am Montag aßen wir wenig
Und am Dienstag aßen wir nicht!

Und am Mittwoch mussten wir darben
Und am Donnerstag litten wir Not,
Und ach – am Freitag starben
Wir fast den Hungertod.

Drum lasst uns am Samstag backen
Das Brot fein säuberlich,
Sonst werden am Sonntag wir packen
Und fressen, o König, dich!

Im September 1848 kam es zum zweiten Aufstand Struves – Hecker war inzwischen ins Exil nach Amerika geflohen –, was in Mannheim wieder zu Zusammenrottungen führte. Erneut marschierten fremde Truppen in der Stadt ein, die erst am

Ja, senden Sie mir regelmäßig und kostenlos
Informationen zu folgenden Themen zu:

## Theologie

❏ Gesamtverzeichnis
❏ Liturgie / Verkündigung / Spiritualität
❏ Pastoral / Katechese
❏ Handbücher / Studienliteratur /
  Theologisches Sachbuch
❏ Wissenschaft
❏ Liturgie konkret (kostenloses Probeheft)

## Geschichte

❏ Gesamtverzeichnis
❏ Biografien
❏ Ost- und Südosteuropa / Ländergeschichte
❏ Bayerische Geschichte / Regionalia

Unser gesamtes Programm finden Sie auch im Internet
unter www.pustet.de

VERLAG
FRIEDRICH
PUSTET

**Absender:**
(Bitte in Druckschrift)

_____
(Name)

_____
(Vorname)

_____
(Straße/Hausnr.)

_____
(PLZ/Ort)

Diese Karte entnahm ich dem Buch:

_____

Antwortkarte

VERLAG
FRIEDRICH PUSTET

**93008 Regensburg**

10. Dezember abzogen, als längst auch der zweite Versuch Struves, eine „deutsche Republik" zu errichten, nach vier Tagen am 24. September in der Nähe von Freiburg bei Staufen gescheitert war. Struve war gefangen und inhaftiert worden. Damit war zwar die radikale Revolution fürs erste unterdrückt, aber die Ruhe keineswegs wiederhergestellt. Es waren nun die Männer der zweiten Reihe, an ihrer Spitze Amand Goegg aus Renchen, die sich im Winter 1848/49 in der Volksvereinsbewegung organisierten und agitierten. In Mannheim gehörten dazu vor allem der Paulskirchenabgeordnete Lorenz Brentano, der als Anwalt die angeklagten Revolutionäre vor dem Freiburger Hofgericht verteidigte, Florian Mördes und Franz Sigel, der aus dem Schweizer Exil für eine demokratische Republik warb. Die Volksvereine breiteten sich in ganz Baden aus; der stärkste Volksverein in Mannheim hatte über 2500 Mitglieder.

Wieder waren es die großen nationalen Fragen, die die spannungsvolle Situation im Südwesten Deutschlands zur Entladung brachten, nämlich die Ablehnung der Kaiserkrone durch den preußischen König Friedrich Wilhelm IV. am

Wachstubenszene mit Bürgerwehr und Militär 1849, Aquarell von Franz. Artaria

3. April 1849. Verächtlich hatte er sie als *Reif aus Dreck und Letten* bezeichnet. Darauf lehnte eine Mehrheit der Bundesstaaten die deutsche Reichsverfassung ab. Eine Minderheit wollte sie verteidigen. In Sachsen und in der Rheinpfalz schlug man los. Der Funke sprang sofort auf Nordbaden über. In Mannheim kam es am 4. Mai zu einer Geheimversammlung des Landesausschusses der Volksvereine, der auf den 12./13. Mai eine Landesvolksversammlung nach Offenburg einberief. Goegg konnte rund 25 000 Teilnehmer begrüßen. In der Bundesfestung Rastatt meuterten die Soldaten und schlossen sich dem Aufstand an. Die Meuterei erfasste bald das ganze badische Heer, so dass der Großherzog und seine Familie in die bayerische Festung Germersheim flohen (13. Mai 1849). Damit fiel dem revolutionären Landesausschuss kampflos die Regierungsgewalt in Karlsruhe zu. Baden war Republik! Chef der Revolutionsregierung wurde der Mannheimer Anwalt Lorenz Brentano, Oberkommandierender des Heeres, das sich aus Freikorpsleuten und der regulären Einheiten zusammensetzte, wurde Franz Sigel. In Städten und Landkreisen amtierten Zivilkommissäre. Die zu wählende Verfassunggebende Versammlung wurde erstmals in Deutschland von allen Männern über 21 Jahren mit gleichem Stimmrecht gewählt. Am 10. Juni wurde diese Konstituierende Landesversammlung von Brentano feierlich eröffnet.

### Niederschlagung des badischen Aufstandes

Die Entwicklung in Baden war inzwischen gegenläufig zu der allgemeinen Entwicklung in Deutschland. In den einzelnen Bundesstaaten gewannen erneut die konservativen Kräfte die Oberhand; und nachdem Preußen nicht nur die angetragene Kaiserkrone, sondern auch die Frankfurter Reichsverfassung abgelehnt hatte, konstituierte sich wieder der Deutsche Bund mit dem Bundestag in Frankfurt. An diesen richtete der geflohene badische Großherzog seine Bitte um eine Bundesexekution gegen die badische Revolution und ihre Republik. Der Bund beauftragte Preußen mit der Bundesexekution. In der zweiten Maihälfte 1849 waren Rheinhessen und Hessen-Starkenburg das Aufmarschgebiet der preußischen Armee. Die badische Revolutionsarmee wollte unter Ludwig Mieroslawski, der Kampferfahrungen im polnischen Aufstand gesammelt hatte, dem Vormarsch der Preußen zuvorkommen, die Bergstraße besetzen und bis Frankfurt vorstoßen. Sie wurde jedoch am 30. Mai in einem blutigen Gefecht bei Heppenheim aufgehalten und zurückgejagt. Südlich davon hatte die Revolutionsarmee rechts und links des Neckars eine Abwehrfront mit dem Zentrum in Mannheim aufgebaut. Die ersten Angriffe konnten abgewehrt werden; bei Ladenburg gelang es den Badenern sogar, die Preußen wieder aus der Stadt zu werfen und die neue Eisenbahnbrücke über den Neckar zu halten. Doch unterlagen sie im Odenwald, durch dessen Täler die Preußen auf den Neckar vorrückten. Noch konnte Heidelberg gehalten werden. Immer wieder gab es rechts des Neckars Gefechte, die unentschieden ausgingen. Auch kam es zu mehrtägigen Kanonaden von Mannheim aus über den Rhein zwischen der badischen Volksarmee und den Preußen. Die Entscheidung suchten die Preußen jedoch im Süden.

Auf der linksrheinischen Seite hatte sich die aufrührerische Pfalz Baden angeschlossen, wurde jedoch in einem parallelen Angriff von den Preußen unter dem „Kartätschenprinzen", wie man seit dem blutig niedergeschlagenen Berliner Aufstand vom März 1848 den Kronprinzen und späteren Kaiser Wilhelm I. nannte, besetzt, einschließlich der Festung Germersheim. Hier bereitete er den Rheinübergang vor. Am 21. Juni 1849 setzten die Preußen bei Germersheim über den Rhein. Bei Waghäusel kam es zu einer blutigen Schlacht, die lange hin und her wogte, bis sich am Abend die Revolutionäre nach Norden zurückzogen, um sich mit den Neckartruppen zu vereinigen. Dabei stellten sie sich zwischen dem 22. und 25. Juni bei Durlach, Bruchsal und Ubstadt den nachrückenden Preußen. Am 24. Juni besetzten die Preußen aus dem Neckartal kommend, Heidelberg und Mannheim. Deren Plan war es offensichtlich, die Revolutionsarmee in Nordbaden einzukesseln, die, als sie dies erkannte, versuchte, in einem Gewaltmarsch nach Süden in Richtung auf die starke Bundesfestung Rastatt durchzubrechen. Das Manöver gelang größtenteils, aber unter chaotischen Begleiterscheinungen. Die Revolutionäre formierten sich neu an der Murg. Nordbaden einschließlich Karlsruhe war verloren. An der Murglinie musste die Entscheidung fallen. Da gelang den Preußen am 29. Juni 1849 der Durchbruch durch die badische Linie. Sie zogen an der Festung Rastatt vorbei und besetzten den Süden des Landes. Rund 15 000 Mann Revolutionstruppen waren in Rastatt eingeschlossen. Die Festung war nicht lange zu halten. Am 23. Juli kapitulierte sie. Am 18. August 1849 kehrte der badische Großherzog Leopold nach Karlsruhe zurück. Es folgte das Strafgericht.

Nach der Niederlage und während der zweijährigen preußischen Besatzungszeit wurde folgendes Lied sehr populär:

*Badisches Wiegenlied*

Schlaf, mein Kind, schlaf leis,
dort draußen geht der Preuß!
Deinen Vater hat er umgebracht,
deine Mutter hat er arm gemacht,
und wer nicht schläft in guter Ruh,
dem drückt der Preuß die Augen zu.
Schlaf, mein Kind, ….!

Schlaf, mein Kind, schlaf leis,
dort draußen geht der Preuß!
Der Preuß hat eine blutige Hand,
die streckt er übers badische Land,
und alle müssen wir stille sein,
so wie der Vater unterm Stein.
Schlaf, mein Kind, ….!

Schlaf, mein Kind, schlaf leis,
dort draußen geht der Preuß!
Zu Rastatt auf der Schanz,
da spielt er auf zum Tanz,
das spielt er auf mit Pulver und Blei,
so macht er alle Badener frei.
Schlaf, mein Kind,….!

Schlaf, mein Kind, schlaf leis,
dort draußen geht der Preuß!
Gott aber weiß, wie lang er geht,
bis dass die Freiheit aufersteht,
und wo dein Vater liegt, mein Schatz,
da hat noch mancher Preuße Platz!
Schrei's, mein Kindlein, schrei's:
Dort draußen liegt der Preuß!

Die Verhandlungen wurden nicht ohne Absicht durch ein Sondergericht am Sitz des badischen Oberhofgerichts im Mannheimer Kaufhaus geführt: Insgesamt wurden in Baden, auch durch preußische Kriegsgerichte, 51 Revolutionäre zum Tode durch Erschießen verurteilt. 845 Personen wurden zu Amtsverlust, langjährigen Zuchthaus- und hohen Geldstrafen mit Vermögenseinzug verurteilt. Insgesamt flossen beinahe 200 000 fl in die Staatskasse. Erst 1862 erließ der badische Staat eine endgültige Amnestie. Die führenden, in Mannheim erschossenen Revolutionäre Adolf von Trützschler, Carl Höfer, Peter Lacher, Gottfried Dietz und Valentin Streuber wurden auf dem Mannheimer Hauptfriedhof beerdigt. 1874 erhielten sie ein Ehrengrab, das in Anwesenheit Friedrich Heckers eingeweiht wurde. Hecker war aus Amerika gekommen und wurde in Mannheim begeistert gefeiert.

Die Niederschlagung der Revolution ließ die Auswanderung nach Amerika stark anschwellen. In den frühen 1850er-Jahren verließen an die 10% der badischen Bevölkerung ihre Heimat, darunter mehrere hundert Mannheimer. Mannheim stellte aber nicht nur Emigranten, sondern es war während dieser Zeit auch zentraler Sitz von Auswanderungsagenturen und damit Anlaufstelle für viele Emigranten aus ganz Südwestdeutschland. Von Mannheim aus wurden die Passagen vermittelt, die Schiffsfrachten zusammengestellt und die Auswanderer dann rheinabwärts nach Rotterdam oder quer durch Frankreich nach Rouen gebracht.

# Das großbürgerliche Mannheim – ein zweites Goldenes Zeitalter

Nach einem Jahrzehnt der Reaktion setzten sich in Baden die gemäßigten Liberalen durch, die in Mannheim schon seit 1849 mit Friedrich Reiß und Heinrich Christian Diffené die Oberbürgermeister stellten. Im ersten liberalen Ministerium 1860 waren wieder Mannheimer maßgeblich vertreten: August Lamey als Innenminister, Karl Mathy als Finanzminister und seit 1867 der scharf antikirchliche Ludwig Jolly als Leiter der Schulabteilung. Der badische Kulturkampf wurde das Vorbild für den späteren Bismarckschen in Preußen. Die Regierung der „Neuen Ära" beschloss ein umfassendes Reformprogramm und formte damit den badischen Staat in der zweiten Jahrhunderthälfte. Bemerkenswert sind die Gewerbefreiheit, die Simultanschule, die staatliche Schulaufsicht anstelle der konfessionellen und die rechtliche Gleichstellung der Juden, die 1862 August Lamey durchsetzte. Nicht verschwiegen werden soll der heftige Kulturkampf mit der katholischen Kirche, das größte und im Grunde bis 1918 ungelöste innenpolitische Problem Badens, das zu zwei Drittel katholische Einwohner hatte. Diese waren politisch diskriminiert und reagierten darauf mit der so genannten Casino-Bewegung (casino = Hütte, womit, um dem restriktiven Saalverbot für die Katholiken zu entgehen, kurzfristig zusammengerufene Massenkundgebungen gemeint waren), einer breiten basisdemokratischen Strömung. Gerade in Mannheim kam es 1864 anlässlich einer geplanten Casino-Versammlung zu Straßenunruhen. Aus den Casinos entwickelte sich 1869 die Katholische Volkspartei, die die Abschaffung des Dreiklassenwahlrechts forderte.

Im deutschen Krieg 1866 war die Mehrheit im Landtag und in der Öffentlichkeit auf Seiten Österreichs, die Erinnerung an die Rolle Preußens bei der Niederschlagung der Revolution war noch zu frisch. Großherzog Friedrich, Schwiegersohn des preußischen Königs Wilhelm I., war auf preußischer Seite, konnte sich aber nicht durchsetzen. Erst nach dem preußischen Sieg bei Königgrätz schwenkte die Regierung um und wechselte die Front. Baden schloss sich nun Preußen und seiner kleindeutschen Lösung an, was auch wirtschaftlich und politisch der Haltung des Mannheimer Großbürgertums entsprach, das bei der Spaltung des deutschen Liberalismus als Folge der Bismarckschen Politik der 1860er-Jahre national-liberal und preußenfreundlich wurde. Durch das badische Dreiklassenwahlrecht hatte es auch politisch das Sagen in der Stadt und stellte die Oberbürgermeister. Es war in den kommenden Jahrzehnten der Träger eines stürmischen Aufschwungs der Stadt.

Die Linksliberalen, die sich auf das städtische Kleinbürgertum stützten, setzten die demokratische Tradition von Hecker und Struve fort, blieben aber in Mannheim in der Minderheit nicht zuletzt wegen des Wahlrechts. Mannheim war 1871 bis 1878, 1887 bis 1890 und 1893 bis 1898 durch Nationalliberale im neuen Deutschen Reichstag in Berlin vertreten, zuletzt durch den in Mannheim beheimateten nationalliberalen Parteiführer Ernst Bassermann selbst. In den 1880er-Jahren konnten sich die Linksliberalen in der Stichwahl durch Wahlabsprachen gegen den nationalliberalen Kandidaten, der immer die relative Mehrheit hatte, durchsetzen. Partner der Linksliberalen waren bald die Sozialdemokraten; denn auch die Entstehung der Sozialdemokratie vollzog sich für Baden, ja für ganz Süddeutschland, in Mannheim mit seiner schnell wachsenden proletarischen Lohnarbeiterschaft. Bereits 1867 hatte hier der Allgemeine Deutsche Arbeiterverein Lassalles Fuß gefasst und schickte 1869 von Mannheim aus den einzigen badischen Delegierten zum Parteitag nach Eisenach. 1877 war sogar der Parteiführer der nunmehr vereinigten Sozialdemokratischen Arbeiterpartei, August Bebel, Reichstagskandidat in Mannheim, wo er mit über 12% den höchsten Stimmenanteil für seine Partei in ganz Deutschland holte. Schließlich zog 1890 mit dem Mannheimer August Dreesbach der erste badische Sozialdemokrat in den Deutschen Reichstag. Von 1898 an war die SPD endgültig die stärkste Partei in der Stadt – allerdings nur in den Reichstagswahlen mit ihrem gleichen Wahlrecht. In der Stadtpolitik, wo noch das Drei-klassenwahlrecht galt, konnten die Nationalliberalen sogar bis 1928 den Oberbürgermeister stellen.

Die sozialistische und die beiden liberalen Parteien stütz-ten sich auf den evangelischen Bevölkerungsteil, der rund 55% der Einwohner Mannheims ausmachte. Die 40% Katho-liken formierten sich politisch in den 1860er-Jahren als Reak-tion auf den Kulturkampf in der Casino-Bewegung und nach der Reichsgründung 1871 im Zentrum. Dieses erhielt bis zum Ersten Weltkrieg in den Wahlen zum Landtag und Reichstag zwischen 10 und 30% der Stimmen, war aber bis in die 1890er-Jahre im Mannheimer Großen Bürgerausschuss wegen des Dreiklassenwahlrechts nur mit wenigen Prozenten ver-treten und damit einflusslos.

## Von der Handelsstadt zur Industriestadt

Zwischen 1860 und 1914 wandelte sich Mannheim von einer Handelsstadt zu einer Industriestadt, ohne allerdings seine starke Position im (Fern- und Groß)Handel und Bankwesen aufzugeben. Im Gegenteil: Das Kapital für die Industrialisie-rung stammte aus den Erträgen dieses Handels; es wurde über die Banken bereitgestellt. So entwickelte Mannheim typische hochkapitalistische Strukturen, wobei die Stadt in gerade-zu „amerikanischem Tempo" wuchs. 1871 zählte die Stadt 39 606, 1913 schon knapp 226 000 Einwohner – ein Zuwachs, der größtenteils bedingt war durch Geburtenüberschuss und Zuwanderung meist junger Menschen und, seit 1897, auch durch Eingemeindungen. In diesem Jahr wurde Käfertal mit Waldhof eingemeindet, 1899 Neckarau, 1910 Feudenheim, 1913 Sandhofen sowie Rheinau. Die Zuwanderer kamen hauptsächlich aus dem gleich oder ähnlich geprägten, pfäl-zisch-badischen Umland. Zuwanderer aus dem übrigen Deutschland, der Schweiz und Österreich-Ungarn bildeten neben anderssprachigen Ausländern, besonders Italienern, einen kleineren Teil, der sich jedoch rasch der kurpfälzischen

Lebensart anpaßte und den pfälzischen Dialekt der Mannheimer übernahm.

Zuerst expandierten die traditionellen Mannheimer Wirtschaftszweige Handel und Bankwesen. Dafür war eine optimale Verkehrsanbindung unabdingbar, die von den 1860er-Jahren an im Zusammenwirken von öffentlicher Infrastrukturpolitik und privaten Investitionen zielstrebig in Angriff genommen wurde. 1862 nahm der Rhein endlich den schon von Tulla geplanten Friesenheimer Durchstich an und verlagerte unterhalb der Neckarmündung sein Bett.

JOHANN GOTTFRIED TULLA 1770–1828, badischer Ingenieurmajor, Leiter der badischen Brücken-, Straßen- und Wasserstraßenbehörde, gründete 1807 die Karlsruher Ingenieurschule, die Keimzelle der Technischen Hochschule von 1825 und heutigen Universität. Er plante die „Korrektion des Oberrheins", die 1817 als Begradigung der Rheinschlingen und Eindeichung des so verkürzten Laufes begonnen und bis 1875 völlig durchgeführt wurde. Bei Mannheim gab es zwei schwierige Projekte: den Friesenheimer Durchstich und die Beseitigung des „Altriper Ecks" kurz oberhalb von Neckarau, einer gefährlichen Spitzkehre des Stromes, die die Schifffahrt rheinaufwärts stark behinderte. Diese wurden 1866–1873 in Angriff genommen.

Damit gewann die Stadt auf weitere Sicht – d. h. erst nach der Eingemeindung der Friesenheimer Insel 1895 ein beachtliches Industriegelände und einen weiteren Naturhafen im nunmehrigen Altrheinbogen. Zuvor aber stand die Regulierung der Neckarmündung an; denn dieser Fluss war jahrhundertelang in einer scharfen Kurve nach Nordwesten in den alten Friesenheimer Rheinbogen gemündet. Man verhandelte mit Sandhofen, um dort die Gemarkungsgrenzen den neuen Gegebenheiten anzupassen. Der Ort trat schließlich mit der Neckarspitze 137 ha Land an Mannheim ab. Zwischen 1864 und 1873 war die Neckarmündung durch einen geradlinigen Kanal in den neuen freien Rhein verlegt worden. Damit wurde der südwestliche Zipfel der Friesenheimer Insel zur neuen *Neckarspitze*. Der alte nordwestliche Neckarmündungsbogen wurde durch die Kammerschleuse verschlossen. Mannheim

Der Mühlauhafen vor 1890

gewann die Möglichkeit, in den Jahren 1870–1875 einen neuen großen Hafenkanal von 2 km Länge, den Mühlauhafen, anzulegen und das Hafengelände um ein Vielfaches zu erweitern. Mit dieser Maßnahme war die Errichtung des Zentralgüterbahnhofs verbunden. Gleichzeitig wurde der ehemalige Rheinhafen von 1840 zum Verbindungskanal ausgebaut. 1885/87 wurde der zweiarmige Binnenhafen angelegt und 1892–1895 die Rheinkais. Schließlich entstand bis 1907 im Altrhein der Industriehafen als rein städtische Investition. Die anderen ausgedehnten Hafenanlagen dienten als Handelshafen ausschließlich dem Güterumschlag vom Schiff auf die Bahn und der Lagerung von Gütern.

1863 hatte die „Mannheimer Rheinschiffahrtsakte" den Schiffsverkehr auf dem ganzen Strom von allen juristischen und ökonomischen Behinderungen befreit. Dieser internationale Vertrag war von allen Rheinanliegern unterzeichnet worden. Mannheim wurde darum auch der Sitz der „Internationalen Rheinschifffahrtskommission". Die Stadt gewann bis zum Anfang des 20. Jahrhunderts den Rang eines zweitgrößten Binnenhafens nach Duisburg-Ruhrort. Er übertraf sogar Duisburg im lukrativen Stückgutgeschäft. 1913 wurde der Mannheimer Hafen durch die Gewinnung Rheinaus und seiner vier Hafenbecken noch einmal vergrößert und damit seine Monopolstellung im gesamten süddeutschen Kohlenhandel verstärkt. In jenem Jahr betrug der Hafenumschlag bereits 7,5 Mio Tonnen.

Mannheim war in diesen Jahrzehnten Endpunkt der großen Rheinschifffahrt. Hier mussten alle Güter, gerade auch die Massengüter, vom Schiff auf die Bahn umgeladen werden. Das erforderte den Ausbau der Eisenbahnverbindungen. 1867 wurde eine feste Bahn- und Straßenbrücke über den Rhein nach Ludwigshafen errichtet, im ganzen Stromverlauf die vierte feste Rheinbrücke überhaupt. Auf diese Weise konnte das linksrheinische Bahnnetz angeschlossen werden. Ergänzt wurde dieser Anschluss nach Osten durch die bereits 1862 begonnene Neckartalbahn. Mit der Eröffnung der Rheinbrücke war 1872–1876 die Verlegung des (Haupt)Bahnhofs vom Tattersall an seinen jetzigen Standort im damaligen Schlossgarten verbunden. Dazu kam die gleichzeitige Errichtung des Hauptgüterbahnhofs für den Stückgutumschlag im Handelshafen auf der Neckarspitze. Die erstaunlichste Aktivität in der Schaffung einer modernen Verkehrsinfrastruktur war der direkte Anschluss Mannheims an den wichtigen Nord-Süd-Verkehr. Mannheimer Privatkapital finanzierte 1868–1870 die Rheintalstrecke nach Karlsruhe, bald nach ihrer Eröffnung die profitabelste badische Bahnstrecke überhaupt, und 1879–1881 die Riedbahnstrecke nach Frankfurt. Diese gabelte sich in Käfertal-Waldhof. Der westliche Zweig wurde in einen neuen Bahnhof, den Bahnhof Mannheim-Neckarstadt, eingeführt. Der östliche Zweig mit dem Anschluss an den Hauptverkehr erfolgte von Osten über die Riedbahnbrücke. Der Mannheimer Hauptbahnhof war damit für den Nord-Süd-Verkehr zu einem Kopfbahnhof geworden. Erst 1985 wurde die Riedbahn in komplizierten Brückenbauwerken über den Neckar und den Hafen auch von Westen her mit dem Hauptbahnhof verbunden und der Bahnhof Neckarstadt stillgelegt. Vorläufiges Schlussstück der Bahnanlagen war 1905–1907 der Bau des beinahe 8 km langen und bis zu 700 Metern breiten Verschiebe- und Rangierbahnhofs zwischen dem Mannheimer Hauptbahnhof und Friedrichsfeld, die zweitgrößte Anlage dieser Art in Deutschland, mit einem Tagesumsatz von bis zu 12 000 Güterwagen.

Auch der Handel erlebte eine gewaltige Steigerung, die Mannheim zu einem der größten Handels- und Umschlagsplätze in Europa machte. Neben die traditionellen Handelsgüter Tabak, Wein und Kolonialwaren schob sich der Getreidehandel, seit 1863 zentralisiert in der Mannheimer Produktenbörse, deren Kurse weltweit notiert und im jungen Deutschen Reich marktführend waren. Bis in die Zwischenkriegszeit war Mannheim der erste Getreidehandelsplatz Deutschlands, der ständig zwischen einem Fünftel und einem Viertel des gesamten deutschen Getreidehandels abwickelte. Dadurch entstanden im Hafen nicht nur riesige Lagerhäuser und Getreidespeicher mit der größten Getreidelagerfläche in ganz Deutschland, sondern im Industriehafen auch das größte deutsche Mühlenzentrum, in welchem allein 9 Großmühlen das reiche Angebot direkt vermahlten und Mehl und Grieß weithin vertrieben. Ähnlich spektakulär war der Holzhandel, der einheimische, aber auch tropische Hölzer umschlug. Er knüpfte an die Tradition der gewaltigen, oft mehrere hundert Meter langen Flöße an, die den Rhein und den Neckar heruntergekommen waren und von Mannheim aus den Rhein hinab nach Holland und England kommissioniert wurden. Um 1900 gab es in der Stadt über 200 selbstständige Exporteure und Großhandelsfirmen, 72 Spediteure und einige Reedereien, deren Handels- und Transportkontakte bis nach Übersee reichten. Diese Firmen hatten ihre Kontore in der westlichen, dem Hafen benachbarten Oberstadt, wo auch die neun überregionalen Geschäftsbanken ihren Hauptsitz hatten. Von diesen gingen in den 1870er-Jahren Impulse aus, aus der Rheinischen Kreditbank, der Süddeutschen Diskontogesellschaft und den Privatbanken Hohenemser und Ladenburg die Deutsche Bank zu bilden. Ergänzt wurde diese Palette durch die Mannheimer Versicherung, die 1879 bezeichnenderweise als Transportversicherung gegründet wurde. Bei der Weltläufigkeit all dieser Unternehmen wundert es nicht, dass es 1900 auch über 30 Konsulate in Mannheim gab.

Das erste Automobil von
Carl Benz, 1885

Auf der Grundlage dieser hervorragenden Infrastruktur und gewaltigen Kapitalschöpfung entwickelte sich Mannheim in der zweiten Hälfte des 19. Jahrhunderts zu der Industriestadt, als die es fremden Beobachtern zuerst und oft ausschließlich erschien und heute noch erscheint. Kapital, das nach Anlage drängte, zahlreiche Arbeitskräfte, hervorragende Verkehrsverbindungen und wagemutige Unternehmer waren die entscheidenden Standortfaktoren für eine Industrie, deren Entwicklung die folgende Übersicht zeigt:

1864 gab es 86 Betriebe, darunter 20 chemische Fabriken, 14 Zigarrenfabriken, 13 Betriebe zur Holz- und 11 zur Metallverarbeitung sowie 8 Leder- und Gummifabriken. Um 1900 waren daraus 687 Fabriken geworden mit 26 891 Arbeitern. Allein zwischen 1900 und 1907 siedelten sich weitere 71 Betriebe auf dem Gelände des neu erschlossenen Industriehafens am Altrhein auf der Friesenheimer Insel an. 1913 kam Rheinau mit seinen vier großen Hafenbecken und 37 Betrieben, vorrangig chemische Fabriken und Kohlenhandels- und Transportfirmen, mit rund 1400 Beschäftigten dazu. Die Hauptindustriezweige Mannheims waren Maschinen- und Fahrzeugbau, Chemie und Elektrotechnik, verbunden mit weltberühmten Namen wie Carl Benz (1886 Erfindung des Automobils), Heinrich Lanz (Erfindung des Rohölschleppers, des Bulldogs, und der Dreschmaschine), Zellstoff Waldhof (Erfindung des Zellstoffs), Boehringer (Pharmazie), BBC

(Brown-Boveri- und Compagnie; Erzeugung von Generatoren und Kraftwerkseinrichtungen), Rheinische Gummi- und Celluloidfabrik (Erfindung des Cellulloids) u.v.a.m. Jede der genannten Fabriken hatte 1914 mehrere tausend Arbeiter.

## Die Stadt breitet sich aus

Im Zusammenhang mit der Bahnhofsverlegung wurde als äußere Abgrenzung der ersten großen Stadterweiterung eine breite Ringstraße als Allee mit doppelter Fahrbahn angelegt, in den vier Teilen Kaiser-, Friedrichs-, Luisen- und Parkring. Innerhalb dieses Rings wurde die Quadrateeinteilung mit den 7er- und teilweise 8er-Quadraten weitergeführt. Bereits in den 1880er-Jahren wurden Park- und Luisenring überschritten und die Stadt im Jungbuschviertel bis zum Handelshafen ausgedehnt. Hohe Mietshäuser und viele Gewerbebetriebe füllten die alten und neuen Quadrate auf. Im inneren alten Teil verdrängten sie die kleinen Barockhäuser. Um 1900 lebten 55 000 Menschen innerhalb der Ringstraße, doch ließ der Strom der Zuziehenden nicht nach.

Zu Beginn der 1890er-Jahre hatte man damit begonnen, neue größere Areale zu erschließen. Es waren dies die Neckarstadt jenseits des Neckars, die Schwetzinger Vorstadt im Südosten und der Lindenhof südlich des Hauptbahnhofs. Dazu kamen die eingemeindeten Nachbarorte Käfertal-Waldhof, Neckarau, Sandhofen und Rheinau mit ihren großen Industrieflächen und das industrielose Feudenheim als gehobenes Wohngebiet. In der unteren Innenstadt, im Jungbusch, in der Neckarstadt und in der Schwetzinger Vorstadt waren die Arbeiter zu Hause, in der Oberstadt des alten kurfürstlichen Mannheims die Unternehmer, Kaufleute und Bankiers.

Unter dem ersten hauptamtlichen Oberbürgermeister Otto Beck (1891–1908) beschloss man, die Pläne zu einer repräsentativen Stadterweiterung zu verwirklichen. Dies konnte nur östlich des Friedrichs- und Kaiserringes im Anschluss an den 1888/89 erbauten monumentalen Wasserturm geschehen. Dieser prächtige Turm wurde bald nach seiner

Errichtung zum Wahrzeichen Mannheims. Die Oststadt konnte auf ausschließlich städtischem Gelände, völlig unbehindert von privaten Interessen geplant werden. Neben repräsentativen Schulgebäuden (Karl-Friedrich-, Tulla-, Lessing- und Liselotte-Gymnasium, Hachenburg-, Moll- und Pestalozzischule) wurden in nicht einmal 10 Jahren aufgeführt: die evangelische Christuskirche, die katholische Heilig-Geist-Kirche, der Rosengarten mit zwei prunkvollen Festsälen nördlich und die Kunsthalle südlich des Friedrichsplatzes, der sich als riesiges Halbrund mit den vornehmen Arkadenhäusern öffnet. Diese Randbebauung und die gärtnerische Anlage des Friedrichsplatzes mit einer großen Fontäne bildet eine der bedeutendsten Jugendstilanlagen Europas. Die alleeartigen breiten Straßenzüge zwischen der Augustaanlage und dem gleichzeitig angelegten Luisenpark wurden von privater Seite bis zum Ersten Weltkrieg mit herrlichen Villen und Stadtpalais besetzt, so dass dieses Viertel in seiner einmaligen Geschlossenheit ein steingewordenes Denkmal des Mannheimer Großbürgertums wurde, durchaus in Konkurrenz zum kurfürstlichen Mannheim des 18. Jahrhunderts in der Oberstadt.

## Kultur

Im Mittelpunkt des Kulturlebens stand das Nationaltheater, das sich nun ganz als bürgerliches Theater sah. Dazu kam die Musikalische Akademie, die die Mannheimer Musikpflege des 18. Jahrhunderts aufgriff und weiterführte. Noch zu Lebzeiten Richard Wagners (1813–1883) gründeten begeisterte Verehrer dieses Komponisten unter dem Musikalienhändler Emil Heckel den ersten deutschen Richard-Wagner-Verein. In den vornehmen Häusern war aber auch Johannes Brahms (1833–1897) häufig zu Gast. Der Mannheimer Altertumsverein betrieb die lokale und regionale Geschichtsforschung mit angesehenen Veröffentlichungen und sammelte systematisch, was zur Stadt- und Landesgeschichte, aber auch zur pfälzischen Kunstgeschichte gehörte. Seine reichen Sammlungen bilden bis heute den Grundstock der Reiss-Engelhorn-Museen.

Mannheim aus der Vogelschau im Jubiläumsjahr 1907, Lithographie

MANNHEIM

Bürgerliches Mäzenatentum bestückte die neue Kunsthalle mit Kunstwerken hohen europäischen Ranges.

Die 300-Jahr-Feier der Stadt im Jahr 1907 wurde zum Höhepunkt der Selbstdarstellung des Mannheimer Bürgertums und seiner Leistungskraft. Eine Industrieausstellung und große Gartenschau mit der neuen Augustaanlage als Zentrum, die zu diesem Jubiläum geplant und angelegt worden war, führte in diesem Jahr Hunderttausende nach Mannheim. Diesen Besuchern und den Einheimischen bot die stolze Stadt ein sommerlanges Fest mit einer Vielzahl von Attraktionen.

# Das Zeitalter der Weltkriege (1914–1945)

Der Erste Weltkrieg brachte nach einem begeistert begrüßten Anfang eine rasche Ernüchterung, besonders als nach wenigen Monaten der allgemein erwartete, siegreiche Friede ausblieb. Der Stellungskrieg mit seinen vielen Gefallenen und Versehrten, der seit 1916 immer stärker auftretende Mangel an Nahrungsmitteln, die kümmerlichen Ersatzgüter, die Hungersnot der „Steckrübenwinter" 1917/18 und 1918/19 und die schwere Grippe-Epidemie 1918 forderten zahlreiche Tote und ließen die glänzenden Vorkriegsjahre mit ihrer „Friedensqualität" immer unwirklicher erscheinen. Bereits 1917 war es in Mannheim zu spontanen Streiks gekommen. Das Kriegsende kam dann mit revolutionären Wirren: Soldatenmassen des über die Rheinbrücke in breiten Kolonnen zurückflutenden Heeres füllten die Stadt. Herbst und Winter 1918/19 verliefen chaotisch. Am 8. November 1918 organisierte sich ein Soldatenrat, am 10. November wurde in Baden unter starker Beteiligung Mannheimer Sozialdemokraten eine provisorische Regierung gebildet. Es kam zu Unruhen. Das Gefängnis und das Verlagsgebäude der sozialdemokratischen *Volksstimme* wurden erstürmt. Das Standrecht und eine Räterepublik Süddeutschland wurden am 22. Februar 1919 von Erich Mühsam vom radikalen Flügel der Sozialisten in Mannheim ausgerufen. Unter den Sozialdemokraten war es wie überall in Deutschland auch in Mannheim zu einer Spaltung gekommen. SPD, USPD und Kommunisten standen neben- und gegeneinander. Abgedankte Frontsoldaten hielten den Hauptbahnhof besetzt. Bei den häufigen Schießereien gab es Verwundete und Tote, darunter den bekannten Industriellen Dr. Karl Reuther, Eigentümer der bedeutenden Armaturenfabrik Bopp & Reuther auf dem Waldhof.

Schon im Dezember 1918 hatten die Franzosen das linke

Rheinufer und die Rheinbrücke besetzt und den freien Verkehr zwischen Mannheim und Ludwigshafen unterbunden. Die Besatzung richtete sich auf Dauer ein. Tatsächlich blieb das ganze linksrheinische Oberrheingebiet bis 1930 besetzt. 1921 und während des Ruhrkampfes 1923 rückten die Franzosen auch in Mannheim ein, das sie als Brückenkopf betrachteten. Der Hafen, das Schloss und die Bahnanlagen wurden mehrere Monate besetzt. Durch den Versailler Vertrag (1919) hatte Mannheim nicht nur seine große Garnison verloren, sondern auch den Sitz der „Internationalen Rheinschiffahrtskommission", der nach Straßburg verlegt wurde. Mit Elsass-Lothringen, das zu Frankreich zurückkehrte, und der Abtrennung des Saargebietes büßte Mannheim die Hälfte seines süddeutschen Absatzgebietes ein. Frankreich ergriff die Initiative zur Kanalisierung des Oberrheins und baute Straßburg zum zentralen Hafen aus. Auch das ging auf Kosten Mannheims.

1924 begann die Kanalisierung des Neckars, womit auch bei der Neckarschifffahrt Mannheim sein Umschlagsmonopol aufgeben musste. Damit nahm die Attraktivität Mannheims als Firmensitz ab. Große Firmen verlegten ihre Hauptsitze oder fusionierten mit Konkurrenzunternehmen aus dem grenzfernen Reichsinnern: So verlegten Zellstoff Waldhof und Sunlicht Mannheim ihren Hauptsitz nach Berlin, die Heinrich-Lanz-AG fusionierte mit der Wolf-AG in Magdeburg und die Rheinische Automobil- und Motorenfabrik Benz & Co vereinigte sich 1926 mit der Daimler-Motorengesellschaft in Unter-türkheim zur Daimler-Benz-AG. Auch hier verlor Mannheim den Hauptsitz. Die Rheinische Gummi- und Celluloidfabrik, die 1914 6000 Personen beschäftigt hatte, wurde Ende der 1920er-Jahre von dem neu gegründeten deutschen Chemie-riesen IG-Farben übernommen. Deren Konzernsitz kam nach Frankfurt und nicht nach Mannheim, obwohl es mit der BASF seit deren Gründung eng verbunden war und sich deshalb gute Chancen ausgerechnet hatte. Der Wegzug großer Firmen hatte zur Folge, dass Tausende von Menschen arbeitslos wurden. Nach 1929/30 erreichte die Arbeitslosigkeit in Mannheim den höchsten Stand in Baden. Es gab aber auch Lichtblicke! Eine zukunftsträchtige Entwicklung begann 1921 mit der Gründung des Großkraftwerkes Mannheim am Neckarauer Rheinufer, das bis zum heutigen Tage zu den großen Stromerzeugern Süddeutschlands gehört und immer an der Spitze der technischen Entwicklung stand.

Die Mannheimer SPD, die vor 1914 unter Ludwig Frank zu den führenden Kräften des Revisionismus in der Partei gehörte und schon früh kommunalpolitische Verantwortung im so genannten Mannheimer Modell übernommen hatte, war aus der Revolution 1918/19 als stärkste politische Kraft in der Stadt hervorgegangen, konnte aber diese Stellung wegen der Abspaltung der Kommunisten nicht halten. Nach 1930 überflügelten diese in den Arbeiterbezirken die SPD. Trotzdem konnte 1928 in Dr. Hermann Heimerich der erste sozialdemokratische Oberbürgermeister (1928–1933) gewählt werden. Immer noch einflussreich blieben die Liberalen, die nun in der links stehenden D(eutschen) D(emokratischen) P(artei) und der rechts stehenden D(eutschen) V(olks) P(artei) organisiert waren. Hier setzte das Großbürgertum seine Zusammenarbeit mit der SPD fort, ein Bündnis, das auch nach dem Zweiten Weltkrieg nie ganz vergessen war. Sehr gewichtig war innerhalb der liberalen Parteien das jüdische Bürgertum, das durch große Namen wie Hermann und Dr. Florian Waldeck, nach dem Zweiten Weltkrieg Ehrenbürger, den Handelskammerpräsidenten Richard Lenel, den bedeutenden Anwalt und Juristen Dr. Max Hachenburg u.v.a. glänzte. Das katholische Zentrum war bis zur Reichstagswahl am 5. März 1933 eine stabile Minderheit. Die Nationalsozialisten hatten zwar eine ihrer ersten Ortsgruppen außerhalb Bayerns in Mannheim, waren aber bis 1930 eine sehr kleine und bedeutungslose Splittergruppe.

### Nazi-Terror

Mannheim ging mit einem beträchtlichen Widerstandspotenzial in die Nazizeit, das in der SPD, der KPD und in der katholischen Kirche, hier vor allem 1937/38, fortwirkte. Spektakulär war die kommunistische Lechleiter-Gruppe, die 1942 zerschlagen wurde. Vierzehn Mitglieder dieser Widerstandsgruppe wurden hingerichtet und ihre Leichen anonym in der Pathologie verwendet. Trotzdem beherrschten die Nationalsozialisten mit alles durchdringender, verführerischer Propaganda, einseitiger Berichterstattung in der Parteizeitung *Hakenkreuzbanner* – die bald die einzige Tageszeitung überhaupt war und im Pflichtabonnement vertrieben wurde – und unverhülltem, stets gewaltbereitem Terror das Feld. Schon die Ereignisse vom 6. und 11. März 1933 enthüllten den Gewaltcharakter des Regimes. Am 6. März, einen Tag nach der Reichstagswahl, hatten die SA-Leute auf dem Turm des Mannheimer Rathauses am Paradeplatz – seit 1910 war das ehemalige Kaufhaus am Paradeplatz Sitz der Stadtverwaltung geworden – eine Hakenkreuzfahne gehisst, die der Oberbürgermeister Dr. Hermann Heimerich umgehend abnehmen ließ. Dafür nahmen die Nationalsozialisten nach einer wüsten Hetzkampagne am 11. März Rache, indem sie ihre Fahne mit Gewalt wieder aufzogen, Heimerich und einige sozialdemokratische Stadträte auf den Balkon des Rathauses zerrten und auf dem Paradeplatz unter dem Gejohle des Mobs die schwarz-rot-goldene Fahne der Republik verbrannten. Heimerich wurde misshandelt und blutig geschlagen, so dass er das Krankenhaus aufsuchen musste. Danach wurde er abgesetzt und in Schutzhaft genommen – ein neuer Begriff für die willkürliche Verhaftung politischer Gegner, die man so vor dem *Ausbruch des* („natürlich gerechtfertigten") *Volkszorns* schützen musste. Die OB-Geschäfte übernahm der nationalsozialistische Fabrikant Carl Renninger (1933–1945), der in der Folge mit dem nationalsozialistischen Kreisleiter Schneider eine Art Doppelherrschaft in der Stadt ausübte. Nachdem zur selben Zeit alle demokratischen Mitglieder aus dem Bürgerausschuss entfernt worden waren, stand einer einstimmigen Wahl Renningers zum neuen Oberbürgermeister nichts mehr im Wege. Renninger konnte sich auf den parteilosen Verwaltungsfachmann und Ersten Bürgermeister Dr. Walli stützen.

Ein weiteres, unübersehbares Zeichen des NS-Terrors war die von den Nazis höhnisch so genannte Reichskristallnacht, die Pogromnacht vom 9. November 1938, die in Mannheim die größte jüdische Gemeinde Badens mit rund 5000 Mitgliedern traf. Die Synagoge in F 2 brannte lichterloh. Jüdische Geschäfte und Wohnungen wurden geplündert und verwüstet, viele jüdische Mitbürger misshandelt, verhaftet und ins KZ Dachau verbracht. Einige kamen dabei zu Tode. Ein großer Teil der nichtjüdischen Bevölkerung billigte das nicht, wie der offen geäußerte Abscheu ebenso zeigte wie der mutige Artikel „Rauchzeichen" in der noch einzig verbliebenen liberalen *Neuen Mannheimer Zeitung.* Diese wurde danach ebenfalls verboten. Die Wirtschaft wurde im selben Jahr durch die so genannte Arisierung schwer getroffen. Alle jüdischen Unternehmer und Geschäftsleute wurden enteignet, indem sie ihre Betriebe und Läden weit unter Wert und zu schikanösen Gebühren an „Arier" verkaufen mussten. Bis 1939 gelang es immerhin noch zahlreichen wohlhabenden Mannheimer Juden auszuwandern. Viele von ihnen hielten bis zu ihrem Tode die Verbindung zu ihrer alten Heimatstadt aufrecht. Die zurückgebliebenen, häufig mittellosen Juden wurden nach Kriegsbeginn ghettoisiert und 1940 durch die berüchtigte und grausame Aktion des Gauleiters Wagner nach Gurs in den Pyrenäen deportiert, von wo sie 1942 über Theresienstadt nach Auschwitz verbracht und vergast wurden. Mit der Vernichtung des Mannheimer Judentums, das seit 1660 das Stadtleben maßgeblich mitgestaltet hatte, erlitt die Stadt einen nicht zu überschätzenden wirtschaftlichen und kulturellen Aderlass. Seit dem 19. Jahrhunder hatten Juden das Leben der Stadt bereichert, besonders auch in den freien Berufen als angesehene Unternehmer, Kaufleute, Künstler, Journalisten, Anwälte und Ärzte. Unübersehbar war ihr Mäzenatentum in Vereinen und Stiftungen vom Herschelbad bis zur Kunsthalle, vom Altertumsverein bis zur Musikpflege.

### Flughafen- und Autobahnbau

In der Zwischenkriegszeit erlebte Mannheim noch einmal eine Eingemeidungswelle. Am 1. Juli 1929 wurde Wallstadt eingemeindet, am 1. Oktober 1930 Seckenheim, Friedrichsfeld und das kleine Straßenheim und so das Stadtgebiet auf 143 qkm erweitert. Die Einwohnerzahl stieg auf 289 000 (1939). Die neuen Verkehrsträger, das Auto und das Flugzeug, stärkten die Lage Mannheims im innerdeutschen Fernverkehr. 1926 wurde der Flugplatz Neuostheim eingerichtet und Mannheim durch die Badisch-Pfälzische Lufthansa direkt mit Berlin verbunden. Noch spektakulärer war der Autobahnbau, bei dem man sich auf die seit den 1920er-Jahren begonnene Planung einer Autostraße quer durch Deutschland von Hamburg über Frankfurt bis Basel, die „HaFraBa", stützen konnte Der Autobahnbau wurde 1935 bei Darmstadt mit viel Propaganda und Hitlers markigen Worten: „Fanget an!" begonnen. Diese Nord-Südautobahn führte durch das hessische Ried nach Mannheim und über Heidelberg nach Karlsruhe, so dass Mannheim 1936 einen der frühesten Autobahnanschlüsse mit einer prächtigen Stadteinfahrt erhielt. Den Fehler bei der Eisenbahntrassierung in den 1840er-Jahren, die Mannheim für lange links liegen gelassen hatte, vermied man so. An der Autobahnausfahrt entstanden die Rhein-Neckar-Ausstellungshallen mit einem Terrassenrestaurant. Dieses wurde gerne besucht, weil man von der Terrasse aus den Autoverkehr auf der neuen Autobahn bewundern und von einem eigenen Auto träumen konnte. Heute befinden sich auf diesem Gelände das Landesmuseum für Arbeit und Technik (LTA) und die Sendestelle *Kurpfalzradio* des Südwestrundfunks. Für den lokalen Verkehr wichtig war und ist die dritte Neckarbrücke, die 1926 entstandene Friedrich-Ebert-Brücke in Sichtweite des großen Städtischen Krankenhauses, das 1912 begonnen und 1922 vollendet wurde. Zusammen mit einer schönen Parkanlage ist dieses Klinikum mit seinen Erweiterungen seit den 1970er-Jahren die Basis der Zweiten Medizinischen Fakultät der Universität Heidelberg. Diese wurde 1964 unter Oberbürgermeister Dr. Hans Reschke (1955–1972) eingerichtet und ist auch in Zusammenhang mit dem Ausbau der bereits 1907 gegründeten Wirtschaftshochschule zur Universität zu sehen. Die Universität Mannheim mit inzwischen an die 12 000 Studierenden hat ihren Schwerpunkt nach wie vor in den Wirtschaftswissenschaften. In diesem Fachbereich genießt sie inzwischen ein deutschlandweites Ansehen als Eliteuniversität.

Bemerkenswerte Neubauten im modernen Stil des Bauhauses waren die Ortskrankenkasse am Neckarufer und das Kaufhaus Vetter mit seinem markanten Turmgeschoss, unter dem sich der Ufa-Palast (Universum) als führendes Lichtspielhaus Mannheims befand. Beide Gebäude überstanden den Bombenkrieg fast unbeschädigt. Das Universum diente nach dem Krieg bis in die 1950er-Jahre den Amerikanern als Lichtspiel- und Theatersaal. 1936–1938 kam es in der Hauptgeschäftsstraße, den Planken, zwischen den Fünfer- und Sechser-Quadraten zur Verbreiterung dieser engen Straßenstücke, um die Planken voll autogeeignet zu machen! In P 5 und P 6 entstanden Geschäftshäuser, in E 5 bis 1940 zur Konzentration der Stadtverwaltung das Technische Rathaus im einheitlich klassizistischen Stil der 1930er-Jahre. Als das Neue Rathaus im ehemaligen Kaufhaus am Paradeplatz in den Großangriffen vom September 1943 zerstört worden war, siedelte die Stadtspitze in das Technische Rathaus um, wo sie sich noch heute befindet. In E 4 befand sich die Produktenbörse und gegenüber der Sitz der Deutschen Bank, beide Gebäude noch vor dem Ersten Weltkrieg im historisierenden Stil errichtet. In der Neckarstadt, im Lindenhof, in der Schwetzinger Vorstadt, aber auch in den Vororten entstanden große Wohnviertel, im Almenhof und in der Gartenstadt völlig neue Stadtteile, um der verbreiteten Wohnungsnot abzuhelfen. Führend im Wohnungsbau waren die gemeinnützigen Wohnungsbaugesellschaften. Dadurch gelang es, slumartige „wilde" Barackensiedlungen am Stadtrand allmählich aufzulösen und deren Bewohner menschenwürdig unterzubringen.

### Nationaltheater und Kunsthalle

Im Kulturleben zeigte die Zwischenkriegszeit ein doppeltes Gesicht. Fortschrittlich modern in der Weimarer Zeit, provinziell reaktionär im Dritten Reich.

Das Mannheimer Nationaltheater genoss in ganz Deutschland nach wie vor großes Ansehen. Zu seinen Mitgliedern zählten Wilhelm Furtwängler und Joseph Rosenstock als Dirigenten, Francesco Sioli und Herbert Maisch als Intendanten, Gertrud Bindernagel, Margarete Teschenmacher, Hans Bahling und Eugen Jochum als weit bekannte und oft auswärts verpflichtete Sängerinnen und Sänger, Willy Birgel, Joseph Offenbach, Bum Krüger, Walter Felsenstein und Gustav Rudolf Sellner als Schauspieler und Regisseure. Ebenso groß war der Ruhm der Mannheimer Kunsthalle, die durch ihre Direktoren Fritz Wichert und Gustav Hartlaub zu einer der größten Sammlungen der klassischen Moderne wurde. Weit über Mannheim hinaus erregte 1925 die Ausstellung der nachexpressionistischen Gegenwartskunst Aufsehen, die Hartlaub unter den Begriff „Neue Sachlichkeit" stellte; er hat damit einen inzwischen allgemein gültigen Stilbegriff für diese Kunstrichtung der Weimarer Republik geprägt. Wichtig ist auch der volkserzieherische Hintergrund dieser Kunstpflege. Wichert hatte bereits 1911 den „Freien Bund zur Einbürgerung der Bildenden Kunst in Mannheim" gegründet, der bald über 1500 Mitglieder, besonders aus der Arbeiterschaft, zählte. Diese Schicht wurde auch stark von den Veranstaltungen der ebenfalls neu gegründeten Volkshochschule und Abendakademie angesprochen. In der Volkshochschulbewegung war Mannheim führend in Deutschland!

Umso trauriger war dann das Schicksal der modernen Kunst und damit auch das der Kunsthalle im Dritten Reich. 1933 wurde Hartlaub sofort entlassen. 1934 schwang sich ein nationalsozialistischer Postsekretär mit Hilfe des Hakenkreuzbanners und seinen antimodernen und antisemitischen Hetzkampagnen zum maßgeblichen Kunstkritiker auf und organisierte eine Ausstellung unter dem Begriff „Entartete Kunst". Diese Ausstellung war 1937 ein lokales Vorspiel der folgenden reichsweiten barbarischen Aktion unter demselben beschämenden Titel. Die Mannheimer Kunsthalle war ein Hauptziel dieses Angriffs. Sie verlor rund 600 Gemälde, Skulpturen, Aquarelle und graphische Mappen.

## Bombardierung Mannheims

Der Zweite Weltkrieg brachte im Sommer 1940 den Sieg über Frankreich, der auch in Mannheim mit einer großen Militärparade gefeiert wurde. Kleinere Luftangriffe mit relativ geringen Schäden hatte es bereits seit 1939 gegeben. Seit den beiden Großangriffen im September 1943 gehörte Mannheim jedoch zu den bevorzugten Zielen alliierter Bomberflotten. Dadurch kam es bis zum Kriegsende – für Mannheim Ende März 1945 – zur vierten Zerstörung der Stadt. In 150 schweren Angriffen sanken über 75% des historischen Mannheims in Schutt und Asche. 25 000 Tonnen Bomben wurden abgeworfen. 4,5 Millionen Tonnen Trümmerschutt bedeckten die Stadt. Alle Gebäude der Kurfürstenzeit mit dem Schloss und der Jesuitenkirche an der Spitze brannten völlig aus oder wurden von Sprengbomben und den gefürchteten Luftminen bis in den Keller zerstört. Die Innenstadt, die Hafengebiete, die Bahnhöfe und Industriestandorte in den Vorstädten waren ständig Ziel der Angriffe, die mehr ländlichen Vororte weniger.

Am 5./6.September 1943 erfolgte der erste schwere Flächenangriff auf Mannheim in zwei Wellen von 18.34 bis 19.06 Uhr und von 23.22 bis 02.26 Uhr durch 605 Bomber, die zum ersten Mal das Zielgebiet mit „Christbäumen" (Bündel von langsam sinkenden Leuchtraketen) ausleuchteten. Es fielen 150 Luftminen, 2 000 Sprengbomben, 350 000 Brandbomben, 5000 Phosphorbomben. Über diesen Angriff gibt es einen Film, der bei der alliierten Pilotenausbildung als Lehrfilm eingesetzt wurde.

Am 19. Oktober 1944 erfolgte ein Angriff auf Mannheim-Ludwigshafen mit 267 Bombern und 286 Jagdflugzeugen.

Bei Flächenbombardements („Terrorangriffen") warfen 300–400 Bombenflugzeuge (viermotorige Fliegende Festungen) in mehreren Wellen 50 Luftminen, 3000 Sprengbomben, 300 000 Brandbomben ab oder 600 Flugzeuge 2500 Sprengbomben, 1500 Flüssigkeitsbomben (Phosphorbomben) und 48 000 Brandbomben.

Bis zum Kriegsende für Mannheim, am 29. März 1945, hatte es insgesamt 1060 Alarme gegeben und 293 größere Angriffe.

2171 Menschen kamen durch die Luftangriffe um. Diese relativ geringe Zahl ist der Vielzahl von Bunkern zu verdanken, die bereits in den ersten Kriegsjahren gebaut worden waren, und der Kinderlandverschickung der Schulen, die nach dem September 1943 ihre Schüler in ländliche Gegenden evakuieren mussten. Die Evakuierung der Einwohner in großem Stil reduzierte die Bevölkerung der Stadt auf rund 102 000 im Frühjahr 1945. In den letzten Kriegswochen wuchs das Chaos, jeder wollte nur noch das Kriegsende erleben. Die SS und Gestapo verhängten Todesurteile gegen „Defaitisten", die am „Endsieg und den Wunderwaffen" zweifelten und weiße Fahnen heraushängten. So kam es noch in den letzten Tagen zu standrechtlichen Erschießungen von Bürgern in der Innenstadt. Im März 1945 drangen die Amerikaner bis an den Rhein vor. Am 27. März gingen sie ungehindert bei Sandhofen und Neckarau über den Strom, am 29. März wurde die Stadt Mannheim telefonisch (!) übergeben und von der US-Armee besetzt.

Zerstörte Innenstadt vom Wasserturm aus auf die Planken,
Sommer 1945

# Die Entwicklung der Stadt nach 1945

Die ersten Nachkriegsjahre sahen den Rückstrom evakuierter und ausgebombter Mannheimer, so dass sich die Einwohnerzahl bis 1948 wieder auf über 200 000 erhöhte. Alles, was irgendwie zu Wohnzwecken genutzt werden konnte, wurde bezogen: Ruinen, Keller, Lauben, Baracken, Werkstätten, Fabrikhallen, Bunker und öffentliche Gebäude in den schwer zerstörten inneren Stadtteilen. In den weniger betroffenen Vororten und Außenbezirken wurde der Wohnraum streng erfasst und rationiert. Hier kam es zu umfangreicher Beschlagnahmung ganzer Ortsteile durch die amerikanische Besatzungsmacht, besonders in der Nachbarschaft von Kasernen. Mannheim hatte jahrzehntelang eine der größten US-Garnisonen mit über 35 000 Militärangehörigen.

Die Jahre 1946 und 1947 waren Hungerjahre. Abenteuerliche Hamsterfahrten wurden unternommen; der Schwarzmarkt blühte auf Tauschbasis und hatte mehrere Zentren in der Stadt, wie z. B. auf der Innenstadtseite der gesprengten Friedrichsbrücke, die immer wieder durch Razzien aufgelöst wurden. Die gängige Währung war die Stange Zigaretten. Die Schulen begannen erst nach Monaten behelfsmäßig mit dem Unterricht, in der Regel ohne Bücher und Hefte, soweit die Schulhäuser überhaupt benutzbar waren und die Lehrer das Entnazifizierungsverfahren der Spruchkammern überstanden hatten. Organisationstalent der Menschen und ihre Hilfsbereitschaft machten diese harte Zeit erträglich. Bis zur Währungsreform am 20. Juni 1948 dauerten die chaotischen Verhältnisse mit ihrem großen Mangel an Nahrungsmitteln und Gebrauchsgütern an.

Das politische Leben begann auf Gemeindeebene, als sich im Sommer 1945 die so genannten Lizenzparteien bildeten oder wieder bildeten: die in der Weimarerzeit schon aktive SPD, KPD, DVP/FDP und als Neugründung die CDU. Auch in Mannheim griff man auf die Politiker der Weimarer Zeit

Mannheimer Marktplatz 1885 ...

zurück. Diese hatten das Dritte Reich als Verfolgte, zeitweise
Inhaftierte oder im Untergrund überlebt. Die erste Stadtregie-
rung stellten Amerikaner, die sich auf politisch unbelastete
deutsche Hilfskräfte aus der Stadtverwaltung stützen mussten.
Bereits am 31. März 1945 wurde das ehemalige Zentrumsmit-
glied, Stadtoberbaurat Josef Braun, kommissarischer Chef der
Stadtverwaltung und im Mai zum Oberbürgermeister ernannt
(1945–1948). Im Dezember 1945 wurden fünf Dezernenten
und ein Beirat, bestehend aus 15 Parteivertretern, eingesetzt.
Dieser amtierte bis zur ersten Gemeinderatswahl im Mai und
Juli 1946. Am 10. Juli 1946 wurde Josef Braun vom Gemeinderat zum Oberbürgermeister gewählt. Zur ersten Volkswahl
des Oberbürgermeisters kam es am 1. Februar 1948. Hier
siegte der ehemalige Stadtsyndikus Dr. Fritz Cahn-Garnier
für die SPD über Braun. Er starb am 8. Juni 1949. Auch der
nächste Oberbürgermeister war ein prominenter SPD-Politi-
ker der Weimarer Zeit, Dr. Hermann Heimerich (1949–1955),
der die Wahl vom 31. Juli 1949 mit großer Mehrheit für
sich entschied. Heimerich war schon im Mai 1945 von den

… und heute

Amerikanern zum Oberpräsidenten einer Provinzialregierung Rheinhessen, Pfalz und Saarland ernannt worden und hatte gehofft, dieser Keimzelle eines neuen Landes auch die rechtsrheinische Kurpfalz anschließen zu können. Diese Tendenzen wurden jedoch durch die Festlegung der Zonengrenzen zwischen den Alliierten am 10. Juli 1945 gegenstandslos, als die Französische Zone das gesamte linksrheinische Gebiet umfasste. Aus den amerikanisch besetzten nördlichen Teilen von Baden und Württemberg wurde dann das Land Württemberg-Baden mit der Hauptstadt Stuttgart gebildet. Heimerichs Vorstellungen von einer Neuordnung der Ländergrenzen schlugen sich 1951/52 in seinem rückhaltlosen Einsatz für den Südwest-Staat aus ganz Baden und ganz Württemberg nieder. Er betrachtete diesen Zusammenschluss auch als einen Ausgangspunkt für den Anschluss der linksrheinischen Pfalz und damit als Chance, die Randlage Mannheims aufzulösen. Diese Politik scheiterte jedoch nach zweimaligem Anlauf 1952 und 1974.

Die Amtszeit Heimerichs war die eigentliche Nachkriegszeit mit all den Aufgaben der Wiederherstellung und des Neuaufbaus von Wohnungen, Werkstätten und Fabriken, Häfen und Brücken, Krankenhäusern und Schulen mit häufig bescheidenen Mitteln. So wurden innerstädtische Brücken wiederhergestellt, 1951 die Kurpfalzbrücke über den Neckar und die Rheinbrücke nach Ludwigshafen. In der Ruine des Rosengartens erstand der Musensaal als noch bescheidener städtischer Fest- und Konzertsaal. Im Zentrum von Heimerichs Tätigkeit stand der Wiederaufbau des Nationaltheaters – und darin wusste er sich mit der ungebrochenen Theaterleidenschaft der Mannheimer einig, wie dann der große Erfolg der Theaterspendenaktion bewies. Das Nationaltheater hatte seit 1945 eine Notunterkunft in einem Kino, der Schauburg an der Breiten Straße. 1957, zum 350-jährigen Stadtjubiläum, konnte das neue Theater, ein Aufsehen erregender zeitgenössischer Bau, auf dem „Tennisplatzbunker" an der Außenseite des Friedrichsrings feierlich eingeweiht werden. Dieser Theaterbau überzeugt auch heute noch mit dem spröden Charme seiner bescheidenen Eleganz. Er ist längst ein gültiges Architekturbeispiel der frühen Nachkriegszeit.

Am 11. September 1955 wurde der IHK-Geschäftsführer Dr. Hans Reschke (1955–1972) als Kandidat der bürgerlichen Parteien und Kräfte gegen einen von auswärts kommenden Kandidaten der SPD zum neuen Oberbürgermeister gewählt. Reschke konnte sein Amt wegen vieler Einsprüche erst am 10. Dezember 1956 antreten. Wie sich bald zeigen sollte, war er ein Glücksfall für Mannheim und erwarb sich großes Ansehen weit über die Stadt hinaus. So war er Mitglied der Kommission des Bundesinnenministeriums für die Neugliederung des Bundesgebietes, Vorsitzender der Kommission für die Reform der Verwaltung in Baden-Württemberg, Senator der Max-Planck-Gesellschaft u. a. Berühmt waren seine geschliffenen Reden. Er gewann die Herzen der Mannheimer, so dass er bei seiner Wiederwahl am 25. Oktober 1964 als Kandidat aller Parteien 99,8% der Stimmen erhielt. In seiner Amtszeit, der Zeit des Wirtschaftswunders und der Vollbeschäftigung – im Jahr seiner Wiederwahl gab es nur etwas über 300 Arbeitslose in der Stadt! – gewann die Stadt ein neues Gesicht. Mannheim war im 20. Jahrhundert angekommen!

In der Ära Reschke wurden 45 000 Wohnungen gebaut. Ganze Stadtteile entstanden auf der grünen Wiese wie z. B. Schönau, Waldhof Ost und Vogelstang 1964–1968. 1970 hatte die Stadt 335 000 Einwohner. Ein weiterer Schwerpunkt von Reschkes Wirken waren die Verkehrsbauten. Die Verdoppelung der alten Rheinbrücke (Konrad-Adenauer- oder Süd-Brücke), der völlige Neubau der Kurt-Schumacher- oder Nordbrücke, zwei Neckarbrücken; eine Altrheinbrücke erschloss die Friesenheimer Insel für eine Erdölraffinerie und eine Müllverbrennungsanlage mit Kraftwerk. Nicht weniger als 19 Schulen wurden erbaut. Mitten in der Innenstadt wurde das Zentralinstitut für seelische Gesundheit (ZI) errichtet, eine inzwischen weltweit hoch angesehene psychiatrische Forschungsinstitution und Behandlungsstätte. Die städtische Ingenieurschule wurde Fachhochschule in einem neuen Gebäudekomplex am Neckarauer Übergang, die Wirtschaftshochschule Universität, für die nunmehr das ganze wiederaufgebaute Schloss zur Verfügung stand. Höhepunkt von Reschkes erfolgreicher Stadtentwicklungspolitik war die Neukonzeption und der Erweiterungsbau des Rosengartens am Friedrichsplatz zu einem der bedeutendsten Kongresszentren Deutschlands mit mehreren Sälen verschiedener Größe. Nach dem zweimaligen Scheitern der Länderneugliederung setzte sich Reschke für die länderübergreifende Zusammenarbeit auf kommunaler und regionaler Ebene ein.

Engster Mitarbeiter Reschkes war sein späterer Nachfolger Dr. Ludwig Ratzel (1972–1980), SPD-Bundestagsabgeordneter seit 1955 und Kreisvorsitzender seiner Partei seit 1956. 1959 wurde er Erster Bürgermeister und gewann als solcher bald ein vertrauensvolles Verhältnis zu Reschke. Ratzel gründete die Gasversorgung Süddeutschland, um gegen die Marktmacht der Erdgasanbieter ein Gegengewicht zu schaffen. In dieser Zeit baute er auch zusammen mit der Modernisierung des Großkraftwerks und dem Bau des Doppelheizkraftwerks auf der Friesenheimer Insel ein Fernwärmenetz auf, an das inzwischen weite Teile der Stadt und des Umlandes angeschlossen sind. Aus beiden umweltfreundlichen Maßnahmen resultierte eine sehr spürbare Luftverbesserung im Großraum

Schloss und Oberstadt

Mannheim. Die besonders bei Inversionslage sprichwörtlich
schlechte Mannheimer Luft gehört der Vergangenheit an. Unübersehbare städtebauliche Akzente setzte Ratzel mit dem
Collini-Center, der Neckarufer-Nord- und der Herzogenriedbebauung mit dem Ziel, wieder mehr Menschen in die Innenstadt zu holen. Die Erweiterung der Kunsthalle und die
Errichtung des über 200 m hohen Fernmeldeturms gehen
ebenso auf ihn zurück wie die großzügige Ausgestaltung der
Bundesgartenschau 1975 und die Verbindung der beiden Ausstellungsbereiche durch einen Schwebebus. Diese sehr erfolgreiche Ausstellung lockte Millionen Besucher in die Stadt.
Auch brachte sie noch weitere Verbesserungen des Stadtbildes
mit sich wie die Fußgängerzone in den Planken und der Kurpfalzstraße. Weniger glücklich für die Stadt Mannheim war

Das Nationaltheater 1938, zerstört 1943,
und das neue Nationaltheater, erbaut 1955–57

das Ergebnis der baden-württembergischen Verwaltungsreform
von 1974: Mannheim verlor seinen Landkreis und gewann im
Unterschied zu anderen großen Städten als einzige Stadt
Baden-Württembergs keine neuen Vororte dazu. Zum ersten
Mal in seiner Geschichte endete Mannheims politische Be-
deutung an seinen Gemarkungsgrenzen!

# Notizen zur neuesten Zeit

Die neueste Zeit unter den Oberbürgermeistern Wilhelm Varn-
holt (1980–1983) und Gerhard Widder (seit 1983, gewählt bis
2007), beide SPD, ist angesichts der kurzen Lebenszeit Varn-
holts als Ära Widder anzusprechen. Im Vergleich zu den
vorwiegend positiven Entwicklungen in der Ära Heimerich-
Reschke-Ratzel mit ihrer Wirtschaftsblüte und ihrem Be-
völkerungswachstum sind die zweieinhalb Jahrzehnte der Ära
Widder von sehr widersprüchlichen Tendenzen geprägt. Die
Zahl der Einwohner ist auf 325 000 zurückgegangen, davon
sind über 67 000 Ausländer aus über 150 Nationen. Bemerkenswert ist die beiderseitige Integrationsleistung in diesen
Jahrzehnten. Die industrielle Produktion hat weiter abgenom-
men und mit ihr das kommunale Steueraufkommen. Mannheim verlor nicht nur zentrale Verwaltungsbehörden wie die
Landkreisverwaltung, sondern auch Firmensitze durch Verlegung und spektakuläre Schließungen von Firmen. Dies alles
führte zu einer überdurchschnittlich hohen Arbeitslosigkeit
von rund 22 000 (2004), die vorwiegend strukturell bedingt ist,
mit all ihren sozialen Folgen. Die hohe Verschuldung der
Gemeinde zwingt zu tiefen Einschnitten in die Leistungen der
Stadt für ihre Bürger, was durch den von Widder energisch
betriebenen Umbau der Verwaltung nur teilweise ausgeglichen
werden kann.

Positive Akzente setzt die stetige Verbesserung der Verkehrsanbindung Mannheims. Die Einrichtung eines großen
leistungsfähigen Containerhafens und -umschlagplatzes wirkt
der durch die Verringerung der Kohlentransporte bewirkte
Verödung der Hafenaktivitäten entgegen: rund 8 Mio Tonnen
Umschlag. Auch die landseitige Anbindung der Häfen an
einen wachsenden LKW-Verkehr ist sehr verbessert worden.
Die westliche Riedbahneinführung (1985) in den Hauptbahnhof beseitigte das lästige und zeitraubende „Kopfmachen" der
Züge im Nord-Südverkehr. Im Bahnverkehr gehört Mannheim

Friedrichsplatz und Wasserturm

inzwischen zu den zehn größten Fernverkehrszentren der Deutschen Bahn. Im Stundentakt treffen sich aus allen Teilen Deutschlands und des benachbarten Auslands sechs und mehr ICE-Züge im Hauptbahnhof. Das führt zu zu einem täglichen Fahrgastaufkommen von über 70 000 Menschen. Seit 2003/04 ist auch endlich der S-Bahn-Verkehr eingerichtet worden zum Wohl des ganzen Rhein-Neckar-Dreiecks, wie die über Erwarten gute Auslastung der Züge zeigt, nachdem zuvor städtischerseits der Bahnhofsvorplatz (Willi-Brand-Platz) erneuert und durch eine Randbebauung abgeschlossen worden war. Auf der Südseite des Bahnhofes entstand das „Viktoria-Hochhaus". Schließlich wurde in den späten 1990er-Jahren der Hauptbahnhof entkernt, in der alten Höhe einschließlich Kuppel wiederhergestellt und völlig modernisiert. Die Stra-

Mannheim und seine Häfen an Rhein und Neckar. Blickrichtung nach
Süden, von rechts nach links: Stromhafen des Rheins, der 2 km lange

ßenbahn wurde wieder über das Bahngelände in den Lindenhof und nach Neckarau West geführt. Der florierende Neuost-
heimer Flughafen gehört auch hierher und ist ein wichtiger
Standortfaktor, wenn auch die zu kleinen Abmessungen des
Flugplatzes und seine stadtnahe Lage ein weiteres Wachstum
bremsen.

Mühlauhafen, Verbindungskanal, Flusshafen Neckar, Bonadieshafen, Kammerschleuse, Anfang des Industriehafens

Ebenso positiv ist nach wie vor die starke Attraktivität Mannheims als eines überregionalen Einkaufzentrums und seine glänzende kulturelle Entwicklung. Das Nationaltheater ist weiterhin ein führendes deutsches Vier-Spartenhaus mit einem überdurchschnittlich starken Publikumszuspruch. Die Museumslandschaft ist durch das 1990 eröffnete Landesmu-

Mannheim-Innenstadt. Blickrichtung nach Osten: Innenstadt mit Ringstraße, Achsenkreuz, Kurpfalzstraße und Planken, oben Neckarbrücken,

seum für Technik und Arbeit (1992 von der UNESCO als
Europäisches Museum des Jahres ausgezeichnet) und den
Erweiterungsbau des Reissmuseums bereichert worden. Zum
2007 bevorstehenden Stadtjubiläum wird das Zeughaus gene-
ralsaniert und in seinem alten Aussehen wiederhergestellt.
Auch das in Landesbesitz befindliche Schloss wird restauriert

148

unten Brückenköpfe der beiden Rheinbrücken und der vierspurigen
Eisenbahnbrücke, rechts außen Hauptbahnhof

und erhält genauso wie das Zeughaus seine originale Dach-
form. Hier ist ein neues Schlossmuseum geplant. Eine weitere
Attraktivität ist die Errichtung der bundesweit einzigartigen
Pop-Akademie (2003) am Verbindungskanal. Bemerkenswert
ist das erfreuliche Engagement der Bürgerschaft im kulturellen
Bereich, das sich in Stiftungen und Fördererkreisen mit ihren

Aktivitäten äußert. Als ein Vorbild zu nennen ist hier der im Januar 2003 verstorbene ehemalige Kaufhausbesitzer Dr. hc. Heinrich Vetter, der als Mäzen sein ganzes Vermögen für seine Vaterstadt einsetzte. Ganz knapp gescheitert am Teilnahmequorum hingegen war der dringende Wunsch der Bürgerschaft zur Wiederherstellung des Alten Kaufhauses am Paradeplatz, über den 1986 in Volksbefragung und Volksentscheid abgestimmt wurde.

Nach langen Debatten um die Ausgestaltung des anstehenden 400-jährigen Stadtjubiläums 2007 zeichnen sich nunmehr einige städtebaulich herausragende Akzente ab. Das Land Baden-Württemberg betreibt seit einigen Jahren die grundlegende Schlossrestaurierung, welche den originalen Dachabschluss des Corps de Logis und die Errichtung eines Schlossmuseums als Höhepunkt hat. Die Stadt und die Bürgerschaft führten die vollständige Restaurierung des Zeughauses, ebenfalls mit der Wiederherstellung der originalen Dachform dieses letzten monumentalen Bauwerks der Kurfürstenzeit durch. Dank des Engagements eines der Gründer von SAP wurde die Errichtung der Mannheim-Arena im Bösfeld südlich des Maimarktgeländes möglich. Diese Arena, die neue Spielstätte des MERC, wird eine Mehrzweckhalle und mit einer Straßenbahnlinie, Autobahn- und Straßenanschlüssen sowie leicht zugänglichen Parkplätzen zu einem Zentrum für die ganze Metropolregion Rhein-Neckar. Schließlich hat der Gemeinderat die Erweiterung des Rosengartens beschlossen. Damit gehört dieses Kongresszentrum in die europäische Spitzenklasse.

Ohne Zweifel steht die Stadt in einer schwierigen Umbruchsituation und vor vielen Herausforderungen. Das teilt sie mit vielen deutschen Städten und dem ganzen Land. Doch man darf optimistisch sein, wenn man in die Vergangenheit blickt, die nie leichter war als die Gegenwart.

# Zeittafel

| | |
|---|---|
| 98 n. Chr. | Gründung des römischen Ladenburgs (*Lopodunum*) |
| 369 | Errichtung des Altrip-Neckarauer Festungssystems an der Neckarmündung durch Kaiser Valentinian |
| 6. Jh. | Gründung des fränkischen Dorfes *Manninheim* |
| 764 | Gründung des Klosters Lorsch |
| 766–899 | Insgesamt 49 urkundliche Erwähnungen *Manninheims* im Lorscher Codex |
| 772 | Karl der Große erhebt Lorsch zur Reichsabtei |
| 10./11. Jh. | Lorsch vorherrschende Territorialmacht im unteren Neckarland |
| um 1150 | Reichsburg Rheinhausen |
| um 1190 | Entstehung des Lorscher Codex |
| 1156 | Konrad von Staufen wird mit der Pfalzgrafschaft belehnt. |
| 1165 | Konrad von Staufen wird Vogt von Lorsch. |
| um 1200 | Mannheim kommt zur Pfalzgrafschaft. |
| 1214 | Die Pfalzgrafschaft kommt an die Wittelsbacher. |
| um 1275 | Durchbruch des Neckars nördlich von Mannheim und Verlagerung seines Laufes. Entstehung der pfälzischen Zollburg Eichelsheim. |
| 1416–1419 | Gefangenschaft des vom Konstanzer Konzil abgesetzten Papstes Johannes (XXIII.) in Eichelsheim. |
| 1439 | Pfälzer Steuerschatzung – Mannheim hat rund 480 Einwohner. |
| 1566 | Mannheim hat eine Schule mit 30 Schülern bei 713 Einwohnern. |
| 1577 | Mannheim hat 786 Einwohner. |
| 1592–1610 | Kurfürst Friedrich IV. von der Pfalz |
| 1606 | *27. März:* Grundsteinlegung der Festung Friedrichsburg |
| 1607 | *24. Januar:* Verleihung der Stadtrechte an Mannheim |
| 1608 | Zusammenschluss der protestantischen Fürsten des Reiches zur Union |
| 1613 | Heirat des Pfälzer Kurprinzen Friedrich V. mit Elisabeth Stuart, der Tochter des englischen Königs Jakob I. Privilegierung des Maimarktes |
| 1618–1648 | Dreißigjähriger Krieg |
| 1619 | Annahme der böhmischen Königskrone durch Friedrich V. |
| 1620 | Niederlage Friedrichs V. gegen die Bayern unter Tilly am Weißen Berg bei Prag. |
| 1622 | Belagerung und Einnahme Mannheims durch Tilly. Mannheim hat rund 1200 Einwohner. |

| 1622–1629 | Die rechtsrheinische Pfalz und Mannheim werden bayerisch. |
| 1623 | Herzog Maximilian von Bayern erhält die Pfälzer Kurwürde. |
| 1632 | Bernhard von Weimar besetzt Mannheim. |
| 1632–1633 | Die Schweden besetzen die rechtsrheinische Pfalz. |
| 1643 | Die Pfalz wieder bayerisch. |
| 1645 | Die Franzosen besetzen die Pfalz; Mannheim völlig zerstört. |
| 1648 | Westfälischer Frieden |
| 1649 | Ankunft des Kurfürsten Karl Ludwig in der Pfalz |
| 1649–1680 | Kurfürst Karl Ludwig; Wiederaufbau Mannheims |
| 1651 | Jacob van Deyl aus Den Haag wird Mannheimer Schultheiß und Planer der neuen Stadt. |
| 1652 | Erneuerung der Stadtprivilegien Mannheims |
| 1653–1683 | Henri Clignet Mannheimer Stadtdirektor |
| 1660 | Mannheimer Judenprivileg |
| 1666 | Die letzte Pestepidemie kostet rund 1200 Mannheimern das Leben. |
| 1668–1678 | Einrichtung von Postkursen |
| 1669 | „Fliegende Brücke" über den Rhein |
| 1671 | Heirat der Liselotte von der Pfalz mit Herzog Philipp von Orléans, Bruder König Ludwigs XIV. von Frankreich |
| 1675 | Erstes Marktschiff von Mannheim nach Mainz |
| 1680 | Einweihung der Konkordienkirche in der Friedrichsburg Mannheim hat rund 7000 Einwohner. |
| 1680–1685 | Kurfürst Karl, mit dessen Tod das Haus Pfalz-Simmern ausstirbt |
| 1682 | Reformierte Doppelkirche in R 2 |
| 1685–1742 | Das Haus Pfalz-Neuburg |
| 1685–1690 | Kurfürst Philipp Wilhelm |
| 1688–1697 | Der Pfälzisch-Orléanssche Erbfolgekrieg |
| 1688 | Belagerung Mannheims; Ludwig XIV. beschließt die völlige Verwüstung der Pfalz. |
| 1689 | Zweite völlige Zerstörung Mannheims und Vertreibung der Einwohner |
| 1690–1716 | Kurfürst Johann Wilhelm |
| 1690 | Erneuerung der Mannheimer Privilegien |
| 1690–1697 | „Neu-Mannheim": Ansiedlung von vertriebenen Mannheimern jenseits des Neckars |
| 1697 | Friede von Rijswijk. Aufforderung des Kurfürsten Johann Wilhelm an alle emigrierten Mannheimer zurückzukehren. |
| 1698 | Anordnung zum Wiederaufbau Mannheims |
| 1700 | Grundsteinlegung des Rathauses |
| 1701–1714 | Spanischer Erbfolgekrieg |

| | |
|---|---|
| 1703–1720 | Anlage der Befestigung |
| 1705 | Kurpfälzische Religionsdeklaration |
| 1706–1709 | Bau der lutherischen Trinitatiskirche |
| 1706–1711 | Bau der reformierten Doppelkirche in R 2 |
| 1707 | Feier der 100-jährigen Stadtgründung |
| 1709 | Entschluss, Festung und Stadt zusammenzuschließen |
| 1711 | Fertigstellung der Zweiflügelanlage von Rathaus und katholischer Kirche mit Mittelturm am Marktplatz |
| 1716–1742 | Kurfürst Karl Philipp |
| 1717 | Kurfürst Karl Philipp erlaubt die Ansiedlung von 200 jüdischen Familien in der Stadt. |
| 1719 | Mannheim hat 5000 Einwohner. |
| 1720 | Verlegung der kurpfälzischen Residenz von Heidelberg nach Mannheim; Plan zur Erbauung eines großen kurfürstlichen Residenzschlosses an Stelle der ehemaligen Friedrichsburg |
| 1720–1760 | Erbauung dieses Schlosses |
| 1724 | Wittelsbachische Hausunion zwischen Pfalz und Bayern |
| 1724–1746 | Bau des Kaufhauses am Paradeplatz mit Mittelturm |
| bis 1728 | Errichtung der drei Stadttore |
| 1731 | Karl Philipp bezieht den Mittelteil des Schlosses. |
| 1737–1741 | Errichtung des Opernhauses im Schlossbereich |
| 1739 | Mannheim hat 8000 Einwohner. |
| 1742 | Hochzeit Karl Theodors mit der Enkelin Karl Philipps, Elisabeth Augusta |
| 1743–1799 | Kurfürst Karl Theodor |
| 1745 | Besetzung Mannheims und der Pfalz im Österreichischen Erbfolgekrieg |
| 1757 | Akademie der Zeichen- und Bildhauerkunst |
| 1758 | Kupferstichkabinett |
| 1760 | Fertigstellung der Jesuitenkirche |
| 1763 | Kurpfälzische Akademie der Wissenschaften und Antiquitätenkabinett |
| 1765 | Naturhistorisches Kabinett |
| 1767 | Botanischer Garten und Antikensaal |
| 1768 | Deutschsprachige Schauspieltruppe am Hof |
| 1774 | Sternwarte |
| 1775 | Stiftung der Kurpfälzischen Deutschen Gesellschaft |
| 1777 | Mozart mehrere Monate in Mannheim |
| | *31. Dezember:* Tod des Kurfürsten Max III. Emanuel von Bayern; Abreise Karl Theodors nach München, um das Erbe anzutreten |
| 1778 | Verlust der Residenz für Mannheim, das 25 353 Einwohner hat. |
| | Heribert von Dalberg übernimmt die Schauspieltruppe. |
| 1779 | Gründung des Nationaltheaters |

| 1780 | Meteorologische Klasse der Akademie der Wissenschaften |
| 1782 | *13. Januar:* Uraufführung der „Räuber" von Friedrich Schiller in Anwesenheit des Dichters. – *18. September:* Flucht Schillers aus Stuttgart nach Mannheim. |
| 1783 | *Charta Palatina* |
| 1784 | Fruchtmarkt für den pfälzischen Getreidehandel. Mannheim hat 21 858 Einwohner. |
| 1785 | Bankhaus Ladenburg |
| 1789 | Französische Revolution |
| 1792–1797 | Erster Koalitionskrieg |
| 1792 | Bankhaus Hohenemser; Goldenes Regierungsjubiläum Karl Theodors Besetzung der linksrheinischen Pfalz durch französische Revolutionstruppen |
| 1795 | Belagerung und Beschießung Mannheims durch die Österreicher. Teilzerstörung der Stadt durch große Brände, darunter das Opern- und Ballhaus im Schloss |
| 1797 | Friede von Campo Formio bringt die Abtretung der linksrheinischen Pfalz an Frankreich. Mannheim wird Grenzstadt. |
| 1799 | *16. Februar:* Tod Karl Theodors |
| 1799–1803 | Kurfürst Max Joseph von Pfalz-Bayern |
| 1799–1801 | Zweiter Koalitionskrieg |
| 1799 | Mehrfache Besetzung Mannheims; Beschluss zur Schleifung der Festung |
| 1802/03 | Reichsdeputationshauptschluss. Die rechtsrheinische Pfalz fällt an Baden. Mannheim verliert auch die Hauptstadtfunktion. |
| 1803–1859 | Entstehung bürgerlicher Vereine |
| 1813/14 | Die alliierte Südarmee geht in der Neujahrsnacht bei Mannheim über den Rhein. |
| 1815 | Mannheim hat 2,5 Mio Gulden Kriegsschulden. |
| 1816 | Die linksrheinische Pfalz kommt zu Bayern. |
| 1817 | Carl von Drais erfindet die zweirädrige Laufmaschine, den Vorläufer des Fahrrades und führt sie in Mannheim vor. |
| 1818 | Die badische Verfassung |
| 1819 | Ermordung August von Kotzebues durch den Jenaer Studenten Karl Ludwig Sand |
| 1825 | Erstes Dampfschiff auf dem Rhein |
| 1832 | Hambacher Fest |
| 1834–1840 | Bau des ersten Rheinhafens |
| 1840 | Die erste badische Eisenbahn von Mannheim nach Heidelberg |
| 1842 | Aufnahme des Liniendienstes mit Dampfschiffen zwischen Mannheim und Holland |

| 1845 | Die erste feste Neckarbrücke, die „Kettenbrücke" |
|---|---|
| 1847 | Aufruf zum Zusammenschluss der „Verfassungsfreunde" |
| 1848 | *12. Februar:* Friedrich Daniel Bassermann fordert im Landtag freie Wahlen in ganz Deutschland. – *27. Februar:* Bürgerversammlung in der Lyceumsaula beschließt die berühmten „Mannheimer Forderungen". – *1. März:* Der Mannheimer Anwalt und Abgeordnete Friedrich Hecker überbringt diese dem Landtag und der Regierung an der Spitze einer Massendelegation. Märzminister. – *5. März:* Süddeutsche Parlamentarier fordern in Heidelberg den Zusammentritt eines Vorparlaments in Frankfurt. – *19. März:* Spaltung der Liberalen in Offenburg. – *13. April:* Heckerzug. – *26. April:* Aufruhr mit Schusswechsel und Barrikadenbau in Mannheim. – *1. Mai:* Sonderkommissar in Mannheim, Niederschlagung der Revolution. – *18. Mai:* Verfassunggebende Nationalversammlung in Frankfurt. – *24. September:* Scheitern von Struves badischer Republik bei Freiburg. |
| 1848/49 | Volksvereinsbewegung; der Mannheimer Volksverein hat 2500 Mitglieder. |
| 1849 | *3. April:* Ablehnung der Kaiserkrone durch Friedrich Wilhelm IV. von Preußen. – *12. Mai:* Landesvolksversammlung in Offenburg, Meuterei der badischen Armee. – *13. Mai:* Flucht des Großherzogs; Ausrufung der badischen Republik; Regierung des Mannheimer Anwalts Lorenz Brentano. – *30. Mai:* Beginn der Bundesexekution durch preußische Truppen. – *10. Juni:* Eröffnung der konstituierenden Versammlung in Karlsruhe. – *21. Juni:* Preußische Truppen überschreiten den Rhein bei Germersheim. – *22. Juni:* Schlacht bei Waghäusel. – *29. Juni:* Rückzug von 15 000 Revolutionären nach Rastatt. – *23. Juli:* Kapitulation der Revolutionsarmee. – *18. August:* Rückkehr des Großherzogs |
| 1850–1860 | Die „Reaktion"; Auswanderungswelle in Baden und Mannheim |
| 1855 | Neue Synagoge in F2 |
| 1860 ff | Liberales Ministerium in Baden, badischer Kulturkampf |
| 1862 | Der badische Innenminister August Lamey aus Mannheim setzt die völlige Judenemanzipation in Baden durch. Rheinkorrektion an der Neckarmündung |
| 1863 | Die „Mannheimer Rheinschiffahrtsakte" macht den Rhein zur internationalen Schifffahrtsstraße; Mannheim wird Sitz der Kommission. – Mannheimer Produktenbörse; Mannheim wird größtes deutsches Mühlenzentrum. |
| 1865 | Friedrich Engelhorn gründet die Badische Anilin- und Sodafabrik (BASF). |

| | |
|---|---|
| 1867 | Bau der Rheinbrücke als Eisenbahn- und Straßenbrücke Der Allgemeine Deutsche Arbeiterverein Lassalles fasst Fuß in Mannheim. |
| 1870/71 | Deutsch-Französischer Krieg |
| 1871 | Mannheim hat 39 606 Einwohner. |
| 1873 | Korrektion der Neckarmündung; Gewinnung neuen Hafengeländes |
| 1875 | Abschluss der Tullaschen Rheinkorrektion mit dem Altriper Durchstich; Anlage des Mühlauhafens und des Zentralgüterbahnhofs |
| 1876 | Neuer Hauptbahnhof |
| 1879–1881 | Riedbahnstrecke von Frankfurt endet in Mannheim. |
| 1879 | Mannheimer Versicherung |
| 1885/87 | Bau des Binnenhafens |
| 1886 | Carl Benz erfindet in Mannheim das Automobil. |
| 1888/90 | Bau des Wasserturms |
| 1890 | Mannheim wählt den ersten badischen Sozialdemokraten in den Reichstag. |
| 1892–1895 | Bau der Rheinkais und des Stromhafens |
| 1895 | Eingemeindung der Friesenheimer Insel |
| 1897 | Eingemeindung Käfertals |
| 1899 | Eingemeindung Neckaraus |
| 1900 | Mannheim hat 687 Fabriken mit 26 891 Arbeitern, 200 Großhandelsfirmen, 72 Speditionen und Reedereien, 9 Banken und 30 ausländische Konsulate. |
| 1903/04 | Errichtung der Festhalle „Rosengarten" |
| 1907 | Feier des 300-jährigen Stadtgründungsjubiläums. Errichtung der Kunsthalle und der Augusta-Anlage |
| 1910 | Eingemeindung Feudenheims und Sandhofens |
| 1912–1922 | Errichtung der Städtischen Krankenanstalten |
| 1913 | Eingemeindung Rheinaus. Mannheim hat 226 000 Einwohner. Güterumschlag im Hafen über 8 Mio Tonnen |
| 1918 | Grippeepidemie |
| | *8. November*: Abdankung des Großherzogs; Bildung einer provisorischen Regierung |
| 1918/19 | Revolution |
| 1919 | *21. Juni*: Vertrag von Versailles |
| 1920–1930 | Besetzung des linken Rheinufers durch die Franzosen |
| 1920 ff | Entdeckung des römischen Burgus in Altrip |
| 1921 | Großkraftwerk Mannheim |
| 1921/23 | Besetzung des Mannheimer Hafens und Bahnhofs durch die Franzosen |
| 1924 | Beginn der Neckarkanalisierung |
| 1925 | Ausstellungseröffnung „Die Neue Sachlichkeit" in der Kunsthalle |

| 1926 | Eröffnung des Flughafens Neuostheim und der Friedrich-Ebert-Brücke |
|---|---|
| 1929 | Eingemeindung Wallstadts |
| 1930 | Eingemeindung Seckenheims und Friedrichsfelds |
| 1935 | Autobahnbau Frankfurt–Mannheim–Karlsruhe |
| 1936 | Autobahnanschluss Mannheims. Errichtung der Rhein-Neckar-Hallen. Entdeckung des römischen Burgus in Neckarau |
| 1936/38 | Verbreiterung der Hauptgeschäftsstraße Mannheims, der Planken |
| 1938 | *9. November*: „Reichskristallnacht": Brand der Synagoge, Plünderungen und Verwüstungen jüdischen Besitzes |
| 1939 | Mannheim hat 289 000 Einwohner |
| 1939–1945 | Zweiter Weltkrieg mit 150 Großangriffen auf Mannheim, 75% der Innenstadt zerstört, 2171 Bombentote |
| 1940 | Fertigstellung des Technischen Rathauses Abtransport der Mannheimer Juden in das KZ Gurs in Südfrankreich |
| 1942 | Zerschlagung der Widerstandsgruppe Lechleiter |
| 1943 | *5. September:* Erstes großes Flächenbombardement |
| 1945 | *29. März:* Besetzung der Stadt durch die Amerikaner. – *31. März:* Einsetzung Josef Brauns als OB durch die Amerikaner. – *10. Juli:* Zoneneinteilung, der Rhein trennt die französische und die amerikanische Zone. |
| 1946 | Mannheim hat 102 000 Einwohner. Erste Gemeinderatswahl nach dem Krieg |
| 1948 | Mannheim hat wieder 200 000 Einwohner. |
| 1951 | Eröffnung der Kurpfalzbrücke |
| 1952 | Bildung des Südweststaates Baden-Württemberg |
| 1957 | Neubau des Nationaltheaters wird eingeweiht |
| 1964 | Zweite Medizinische Fakultät der Universität Heidelberg in Mannheim |
| 1970 | Mannheim hat 335 000 Einwohner. |
| 1974 | Verwaltungsreform in Baden-Württemberg beraubt Mannheim seines Landkreises. |
| 1975 | Bundesgartenschau, Fernmeldeturm und Schwebebahn |
| 1985 | Westliche Einführung der Riedbahn in den Hauptbahnhof. Mannheim wird einer der größten ICE-Knoten mit über 70 000 Fahrgästen am Tag. |
| 1990 | Eröffnung des Landesmuseums für Technik und Arbeit |
| 1997 ff | Sanierung des Bahnhofs und des Bahnhofplatzes mit Straßenbahnanschlüssen |
| 2000 | Mannheim hat 310 000 Einwohner, darunter rund 67 000 Ausländer aus 150 Nationen. |
| 2003/04 | Einrichtung S-Bahn-Betrieb |
| 2007 | *27. Januar:* 400. Jahrestag der Stadtgründung |

# Literatur (in Auswahl)

*Zitierte Literatur*

ARNSCHEIDT, Grit: Aus aller Herren Länder. In: Badische Heimat 3/2003, S. 398–404.

BRAUNFELS, Wolfgang: Die Kunst im Heiligen Römischen Reich, Bd 1, München 1979, S. 310.

Die Zerstörung der Kurpfalz 1689/90 im Spiegel der „Kern-Chronik", hrsg von Wilhelm HERRMANN. In: MGBll NF 2 (1995), S. 94.

HABERL, Annedore: Liselotte von der Pfalz. Briefe. München 1996, S. 122.

GALL, Lothar: Bürgertum in Deutschland, Berlin 1989, S. 25.

KIRCHGÄSSNER, Bernhard: Integrationsprobleme einer bürgerlichen Gründungsstadt, Mannheim 1992.

LOSTER-SCHNEIDER, Gudrun: Mannheim in Reisebeschreibungen des 18. Jahrhunderts, Mannheim 1989.

PROBST, Hansjörg: Neckarau, Bd. I, S. 329/30, Mannheim 1988.

RAUMER, Kurt von: Die Zerstörung der Pfalz von 1689 im Zusammenhang der französischen Rheinpolitik, München, Berlin 1930, ND 1982, S. 182.

VETTER, Roland: „Ich mache das Mögliche und mehr als das" – Die Befreiung der abgeschnittenen französischen Garnisonen im Neckartal durch Tessé und Mélac im Januar 1689. In: Mannheimer Geschichtsblätter Neue Folge 8 (2001), S. 167–204. DERS.: „kein Stein soll auf dem andern bleiben" – Mannheims Untergang während des Pfälzischen Erbfolgekriegs im Spiegel französischer Kriegsberichte. In: Sonderveröffentlichungen des Stadtarchivs Mannheim Nr. 28, Ubstadt-Weiher, 2002.

WALTER, Friedrich: Geschichte Mannheims von den ersten Anfängen bis zum Übergang an Baden 1802, Mannheim 1907, S. 326, 329

ZEDLER, Johann H.: Großes vollständiges Universallexicon etc.; 64 Bände, Halle und Leipzig 1732–54, Bd. 31.

*Weitere Literaturhinweise (nach Erscheinungsjahr)*

Die Stadt- und Landkreise Heidelberg und Mannheim, Amtliche Kreisbeschreibung, Bd. I, Allgemeiner Teil, 1. Aufl. 1966 und Bd. III. Die Stadt Mannheim etc. 1. Aufl. 1970, S. 1–415.

Walter, Friedrich: Mannheim in Vergangenheit und Gegenwart, 2 Bände von den Anfängen bis 1870, 1907, photomech. Nachdruck 1977/78, Bd. 3 Reiche Materialsammlung für die Jahre 1870 bis 1900. DERS.: Schicksal einer deutschen Stadt, Geschichte Mannheims 1907–1945, Frankfurt a. M. 1949/50.

Max Miller und Gerhard Taddey (Hg): Baden-Württemberg, 2. Aufl. Stuttgart 1980.

Die Kunstdenkmäler in Baden-Württemberg, Stadtkreis Mannheim, bearbeitet von Hans Huth, 2 Bände, München 1982.

Manfred David: Mannheimer Stadtkunde, 2. Aufl. Mannheim 1982.

Rudolf Haas und Hansjörg Probst: Die Pfalz am Rhein, 2000 Jahre Landes-, Kultur- und Wirtschaftsgeschichte, 4. Aufl. 1984.

Siehe ferner die zahlreichen Monographien in den verschiedenen Reihen des Stadtarchivs, der kleinen Schriften des Mannheimer Altertumsvereins und der Reiss-Engelhorn-Museen.

*Zeitschriften*

Mannheimer Geschichtsblätter, hg. vom Mannheimer Altertumsverein Jahrgang 1900–1940, 41 Bände. – Mannheimer Hefte, hg v. d. Stadtverwaltung Mannheim und der Gesellschaft der Freunde Mannheims und ehemaligen Kurpfalz, Mannheimer Altertumsverein von 1859, 44 Jahrgänge von 1952–1996. – Mannheimer Geschichtsblätter Neue Folge, 11 Bände seit 1994.

# Register

163

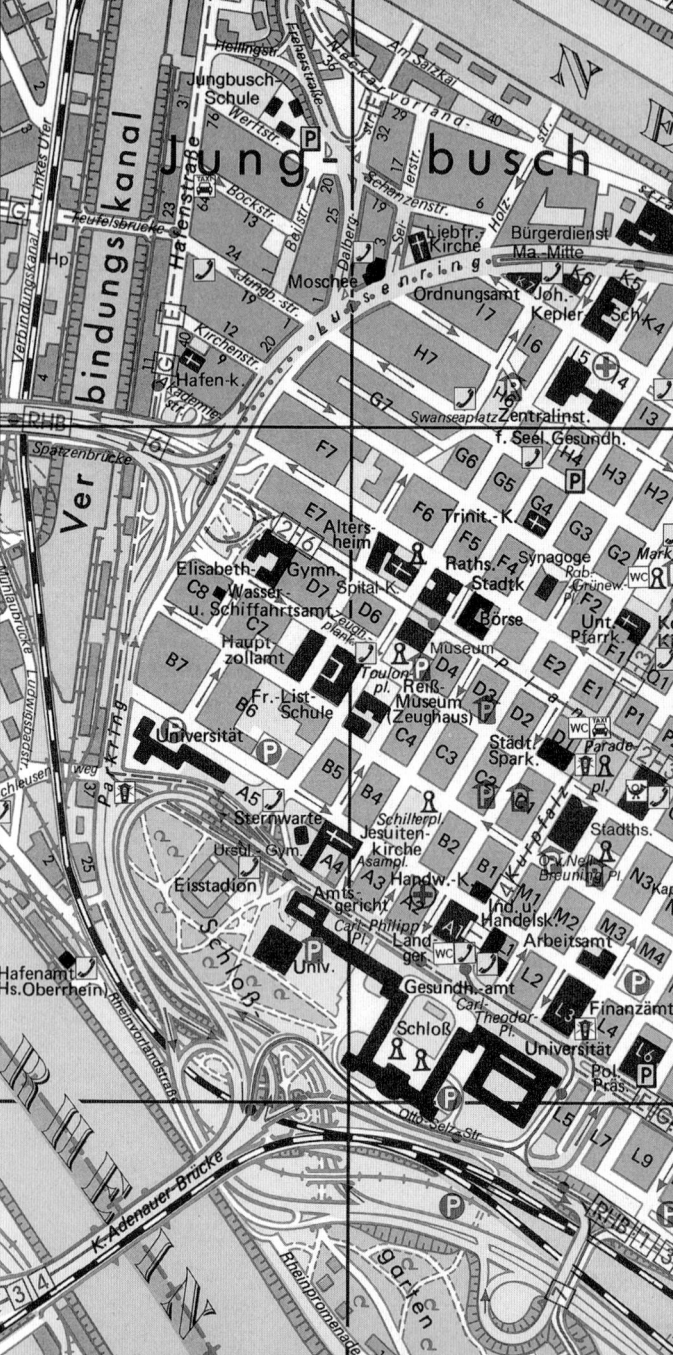

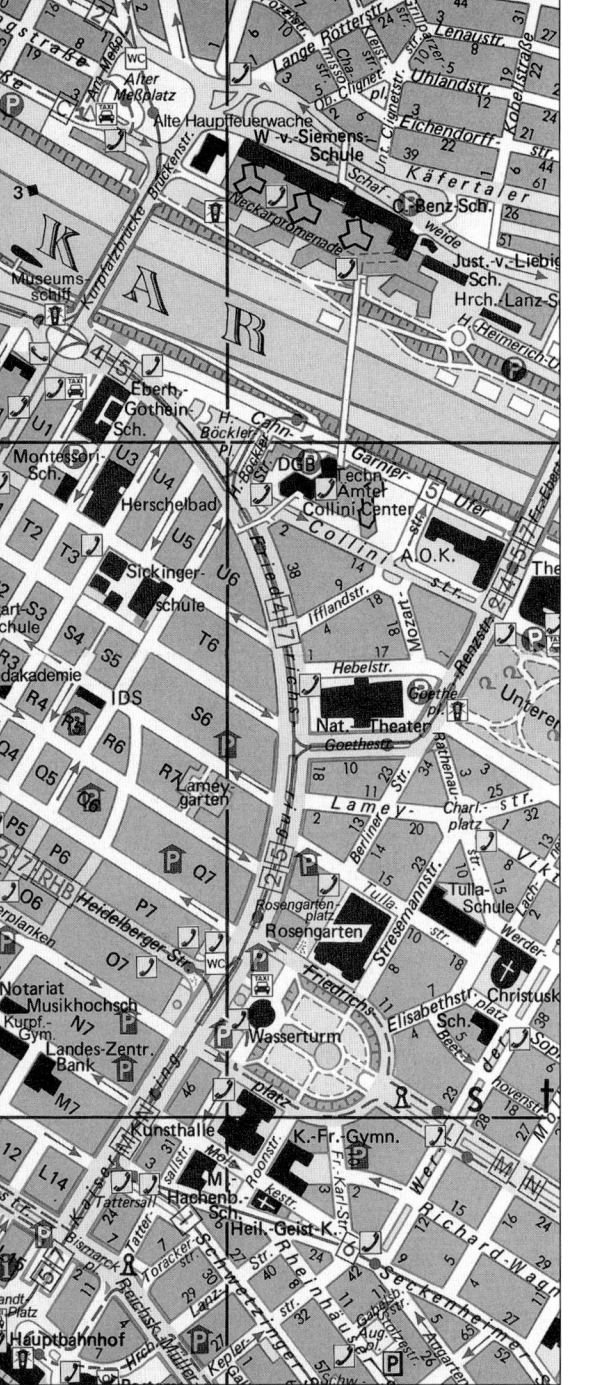

## Internet-Adressen

Stadt, Stadtgeschichte:
www.mannheim.de
www.stadtarchiv.mannheim.de
www.rem.mannheim.de/de/freunde-maezene/

Museen, Theater:
www.kunsthalle-mannheim.de
www.landesmuseum-mannheim.de
www.reiss-engelhorn-museen.de
www.mannheim.nationaltheater.de

Bildung:
www.uni-mannheim.de
www.fh-mannheim.de
www.muho-mannheim.de
www.planetarium-mannheim.de


## Bildnachweis

Autor und Verlag bedanken sich bei allen Bildleihgebern, vor allem aber bei den Reiss-Engelhorn-Museen, Mannheim.

*Foto-Hauck-Werbestudios, Mannheim:* S. 9, 75, 139, 142, 145, 146, 148
*Reiss-Engelhorn-Museen*: 143 oben; Fotos: Jean Christen: S. 13, 23, 32, 34, 36, 41, 53, 60, 67, 68, 74, 76, 79, 81, 84, 85, 93, 95, 96, 99, 100, 102, 103, 108, 109, 118, 121, 124, 138, 143 unten
*Stadtarchiv Mannheim, Sammlung Pfau:* S. 136
*Universitätsbibliothek Heidelberg*: S. 28
*Nach: Marquard Freher. De Lupoduno.* Die erste Beschreibung des alten Ladenburg von 1618. Übertr. u. erläutert v. Hermann Wiegand. Hg. vom Kreisarchiv u. dem Referat f. Öffentlichkeitsarbeit in Verbindung mit dem Stadtarchiv Ladenburg. Heidelberg 1998: S. 15

Stadtplan Mannheim: © Stadt Mannheim FG Geoinformation und Vermessung, 2001